合同ブックレット
07

戦争は秘密から始まる

秘密保護法でこんな記事は読めなくなる

日本新聞労働組合連合［新聞労連］—編

合同出版

もくじ

まえがきにかえて

秘密保護法に向き合う新聞記者たち

数万の人々が国会を取り囲み、声を振り絞って反対を訴えるなか、強行採決が行なわれてから一年。特定秘密の保護に関する法律（秘密保護法）が２０１４年12月10日、施行された。この時代、日本の新聞社で働く記者たちは何をしているのか。国民の知る権利に奉仕するという、自らの仕事に強く影響するはずの法律と、それを施行しようとする国家にどう向き合おうとしているのか。新聞記者の生の声を伝えよう。それが、この本をまとめようと考えたときの率直な思いだ。

日本新聞労働組合連合（新聞労連）は新聞業界唯一の産業別労働組合として秘密保護法に対し早くから反対を訴えてきた。

新聞労連は大手紙は朝日、読売、毎日、日経、共同、時事の各労組とブロック紙労組、地方紙などの労組で組織する。「社論」としては多様であり、組織内部でも「公正、中立であるべき新聞の労働組合が、政治にコミットするのは許されるのか？」という声もあった。だが、秘密保護法に対して中立はあり得ない。「国民の知る権利に奉仕する職業人として、知る権利を否定しようとすることにも中立であろうとすれば、それは中立でも公平でもなく、怠慢に過ぎない」（伊藤真弁護士）からだ。

一方、新聞の経営者団体である日本新聞協会は秘密保護法案に対し最後まで反対を明確に表明することはなかった。２０１４年10月15日に新潟市で開かれた新聞大会の主要紙社長座談会でも、秘密保護法は議論にならなかった。新聞経営者たちはかつて「国家機密法案」に対して厳しく反対したが、今回はその危機感は伝わってこない。きわめて残念な状況だ。

日本はいま、秘密保護法がなくても、国から地方まですでに秘密ばかりになっている。情報公開も進んできたが、行政の裁量権はいまだに大きい。ご都合主義的な「個人情報保護」もまかり通る。情報公開後進国の日本で、現役の記者たちは秘密の鍵をこじ開けようとさまざまな努力を続けてきた。原発や米軍基地、自衛隊から日常的な警察や官庁への取材など、さまざまな現場で苦闘を続けている。

「日本の新聞記者は記者クラブに閉じこもってばかりいる」という批判がある。だが、この本の各記者の原稿を読めば、そのような批判は実態とかけ離れていることも分かっていただけると思う。

秘密保護法が施行されたいまも、権力監視という報道人の使命を果たそうとする記者たちが新聞業界には数多く存在する。記者たちがいま、どのような環境で報道に取り組み、何を目指しているのか。１人でも多くの人たちと共有したいと考えている。

日比野敏陽

Ⅰ部　新聞記者にとっての秘密保護法

日比野敏陽（新聞労連前委員長）

■秘密保護法とは何か

戦後日本で初めて「取材」を取り締まる法律が成立し、施行された。秘密保護法によって、取材とそれに基づく報道に携わっている私たちは、生業を支える行為が、時の政府の判断によっては罪に問われるというきわめて重大な岐路に立たされたことになる。

秘密保護法は防衛、外交、スパイ防止、テロ防止の4分野に関する事項のうち「国の安全保障に著しい支障を与えるおそれがあるため、特に秘匿が必要である」情報を特定秘密に指定し、漏らした人を最高で懲役10年の重罰に処す法律だ。共謀やそそのかした人にも5年以下の懲役が科される。公務員などが特定秘密を扱える人物かどうかを判断するための「適性評価」の実施も盛り込まれている。

問題点は無数といえるほど多くある。ここでは、できるだけ新聞ジャーナリズムの現場から考えたい。

第一に特定秘密の定義がきわめてあいまいなことだ。何が上記の4分野に関連するのかは政府の裁量次第。具体的に言えば官僚の思うがままになる。たとえば原発に関する情報は「テロ防止」に関連するとして、現在は公開されていることも特定秘密に指定される可能性がある。

新聞記者にとって問題なのは、何が特定秘密に指定されているのかも秘密ということだ。取材活動を進める中で特定秘密に触れたとしても、記者は分からない。政府要人や官庁の幹部に夜討ち朝駆け取材を進める中、知らないうちに特定秘密という「地雷」に触れる可能性もある。熱心に聞き出そうとする取材は「教唆」と判断されかねない。そうなったとしても、何が特定秘密なのか、知らされないままに逮捕や捜索を受けることになる。

そもそも、秘密保護法違反で逮捕された記者に、逮捕容疑は告げられるのだろうか。特定秘密の内容を明らかにしないで裁判はできるのだろうか。こうした疑問は、法施行後も一切、解消されていない。

２０１３年10月から12月の国会審議では「取材や報道が罰せられるのではないか」との指摘が繰り返され、「報道又は取材の自由に十分に配慮しなければならない」との条文が盛り込まれた。さらに同じ条項の２で取材行為について「著しく不当な方法によるものと認められない限りは、これを正当な業務による行為」と規定した。

政府関係者は「これで言論弾圧は起きない」と胸を張るが、そんなことを信じる記者はいないだろう。「配慮」するかどうか、決めるのは政府であり、取材が不当かどうかを判断するのも政府である。「不当な取材なら取り締まってもいい」というのがこの条文の本意といえる。この配慮条項によって、取材と報道の自由が実質的に政府の裁量の範囲内になってしまった。

町村信孝元官房長官は法案段階で「(知る権利が)国会や国民の安全に優先するという考え方は基本的に間違っている」と発言した。秘密保護法は、表現の自由、取材や報道の自由を下位に置こうとする人たちの悲願として推し進められてきた。このような法律を前にしてもなお、「権力監視」という使命を果たせるかどうか。新聞社と記者の立ち位置があらためて問われることになる。

■新聞社と記者は秘密保護法でどのような影響を受けるのか

秘密保護法の施行で最も懸念されているのが取材源の萎縮だ。新聞記者には捜査権も官公庁への立ち入り調査権限もない。しかし広報発表や記者会見をもとに原稿を書くだけでは、読者の期待に応えられない。当局には伝えたくない事実があるのではないか、黙っていることがあるのではないか。発表やリークの裏側にあることを取材するためには、取材対象の中に信頼できる人物がいることが不可欠になる。内部通報者の存在である。しかし、秘密保護法によってそうした人々が口を閉ざし始めることが確実視されている。

これまでの歴史に残るスクープや調査報道は、当事者や内部通報者が真実を記者に話すことで成立してきた。どんな組織にも良心に従って本来の仕事に打ち込む人たちがいる。新聞記者の仕事は、そうした人たちとつながることであり、いまもそうした努力が全国で続けられている。スクープはそうした営みの蓄積の上に成し遂げられるものだ。だが、秘密保護法でこうした記者の営みそのものが難しくなる可能性が強まっている。

秘密保護法には取材、報道の自由に対する「配慮条項」がある。しかし、「沖縄密約」をスクープした元毎日新聞記者の西山太吉さんは「配慮条項があっても隠された秘密は出てこない」と指摘する。

「取材は結局、人間対人間の勝負として内部の人間から取ってくるしかない。しかし、秘密保護法には報道への配慮条項があるからといっても、秘密を知りうる立場にある公務員などキーマンは厳罰対象になる。次第に萎縮が強まり、情報はまったく出てこなくなるだろう」

沖縄密約は政府の違法行為が隠された典型的な事例だった。しかし今後、政府の違法行為が特定秘密に指定された場合、それをジャーナリズムが独自に掘り起こすことはほぼ不可能になったという指摘もある。最大懲役10年という厳罰規定に加え、内部通報者を保護する仕組みもきわめて貧弱だからだ。

新聞記者の取材そのものが秘密保護法違反に問われる可能性ももちろんある。たとえば、取材の常道である夜討ち朝駆け。政府関係者や省庁幹部らが入居する官舎に深夜、早朝に取材として訪れるだけで秘密保護法違反に問われかねない。「特定秘密を保有する者の管理を害する行為」によって特定秘密を得た場合は、未遂でも処罰対象になるとされているからだ。そもそも、夜討ち朝駆けの取材自体が「不当な」取材行為とされる可能性も否定できない。

秘密保護法は取材対象も記者も萎縮させる効果を持っている。それは一気に広がるのではなく、じわじわと進むだろう。気がつけば後戻りできないほど閉ざされた社会になっている危険性をはらんでいる。「秘密体制」を冷静に分析し、突破するための知恵と勇気が新聞ジャーナリズムに求められている。

■新聞記事の編集過程で、萎縮がどう起きるのか

秘密保護法で強まるとされている「萎縮」は、じつはどこよりも先に、新聞社やテレビ局などメディア内部で起こるという指摘がある。新聞社と権力が正面から相対した過去の事例を踏まえれば、そうした指摘は必ずしも邪推とはいえない。

毎日新聞は西山太吉記者による「沖縄密約」のスクープをめぐり、当初は政府からの批判を受けて立つ姿勢を見せた。しかし、事件が男女の問題にすり替えられ、世間の関心がそこに集中する中、次第にその姿勢は弱気一方に転んでいった。労働組合の姿勢も同じように変転していった。

ある毎日新聞労組ＯＢは「事件が男と女の問題になってしまうと社は急速に弱気になっていった。組合内部には当初、『西山を守れなくてどうする』という意見が強かったが、結局、社の姿勢転換に流されてしまった」という。「不買運動が呼びかけられ、実際に部数ががくんと減ったのがダメージだった」。

特ダネの中身より、特ダネの取得方法に問題が置き換えられ、本来批判されるべき国家権力でなく掘り起こしたメディアが糾弾される。そんな事態が予想されれば、メディアは当然萎縮する。秘密保護法の施行によりその可能性は一段と強まったともいえる。

「当局が記者を秘密保護法違反で逮捕したとしても、裁判で有罪にしようなんてこれっぽっちも考えないだろう。逮捕して一方的に発表してしまえば、検証報道は不可能に近い。

処分保留にしてもその新聞社と記者には相当なダメージになるうえ、ほかのメディアにも絶対、波及する。『とにかく慎重にやれ』という風潮が広まるから」。ある弁護士はこう指摘する。

この本でも執筆している東奥日報論説委員の斉藤光政記者は、在日米軍当局から青森県三沢基地への出入り禁止処分を受けた経験がある。斉藤さんが書いた記事に米軍が触れてほしくなかった箇所があったからだという。しかし、それはいつものように許可を得て入った取材だった。

東奥日報の強い抗議などもあり処分はしばらくして撤回された。だが斉藤さんは「『東奥の斉藤は出入り禁止を受けるような記者らしい』と、どこか胡散臭い、悪いことをして取材をする記者のようにあちこちで言われていると聞いた」と話す。

斉藤さんの場合、東奥日報は記者を守るべく強く抗議した。しかし、かならずしもすべての新聞社がいま、このような毅然とした態度をとれるとは限らない。

新聞業界では近年、全国紙を中心に急速に「コンプライアンス（法令遵守）重視」が浸透しつつある。「記者の行動規範」を定めている社も少なくない。「録音は相手の許可を得る」という「行動規範」に反したとして事実上、解雇された記者もいる。もちろん、一般の市民や弱者に対して大挙して取材に押し寄せるメディアスクラムのような行動は許されないだろう。しかし、当局や権力者の不正を追及する場合にも一律に「行動規範」なるものを適用しようとする風潮は、メディアの萎縮と弱体化を深めるだけではないか。

このような状況のなか、「国の秘密を暴こうとした記者」「特定秘密を取得しようとした記者」を抱えているということに耐えきれる新聞社は、じつはそれほど多くはないだろう。組織や企業はこれまで以上に頼りにならなくなっている。

逆にそれは、新聞記者やジャーナリストが組織を超えて連携する必要性が、ますます強まっていることを意味している。

■ジャーナリストが秘密を暴いても処罰されないヨーロッパやアメリカ

フランスのフレッソとロワールという2人のジャーナリストが、盗まれた資料を入手したとして1995年、裁判所で有罪判決を受けた。

資料は自動車メーカー・プジョーの取締役の納税申告書。取締役が2年間で45・9％もの昇給を自らに与えていたことを裏付ける内容だった。ちょうどそのとき、プジョーは賃上げを求める労働者と経営陣が真っ向から対立。労使紛争の最中に取締役のお手盛り昇給が暴露された格好になった。

社と取締役の告発により2人はフランス国内では窃盗犯として有罪になった。しかし、その後、ヨーロッパ人権裁判所はフランス国内判決をヨーロッパ人権条約に違反すると断じた。

人権裁判所は、納税申告書のコピーを入手するというフレッソ氏とロワール氏の行為が、彼らの記事の信頼性を証明するのに必要であったと判断。「ジャーナリストとしての職業を遂行する倫理基準に従って行動した」と指摘した。

海渡雄一弁護士によると、公益と、秘密を漏らしたことによる不利益のバランスを考慮し、バランスがとれていれば処罰しないという考え方がヨーロッパでは定着しつつある。それを示す事例は他にもある。

２００８年、モルドバ検察庁の報道室長だったグジャ氏が突然、解雇された。政治家による不当な検察への圧力を証明するメモを密かに新聞社に渡したことが内規違反とされた。グジャ氏は解雇が「表現の自由」に違反しているとして提訴。モルドバ国内では解雇取り消しが認められなかったが、後にヨーロッパ人権裁判所は解雇を人権条約違反と認定。このように断じた。「民主社会では、政府の行為や怠慢は立法機関や司法機関だけでなく、報道機関や世論などの緊密な監視の下に置かれなければならない。市民の関心が特に高い情報は法的な秘密保持の義務でさえくつがえすことができる」。

２０１４年5月に来日したアメリカの国家安全保障会議（ＮＳＣ）元高官、モートン・ハルペリン氏によると、アメリカでも明文の法規定はないものの、ジャーナリストが機密保護違反の罪で起訴され有罪となったケースはないという。

ハルペリン氏はアメリカの核戦略と国家秘密法制の専門家で、国防総省の高官として沖縄返還交渉に関与した人物だ。その氏が日本の秘密保護法について市民やジャーナリストなど民間人が処罰対象になっている点を問題視。公務員で内部告発した人の保護体制も不十分だと厳しく批判した。

少なくとも先進国では、ジャーナリストやNGO（非政府組織）の活動家が隠された政府情報を入手し公開した場合、その過程に形式的な法違反があったとしても、その公共性が高く、形式的な法違反の害が大きくなければ罰しないという法理が確立されている。日本のジャーナリズムは、時代に逆行した法を前に立ちすくむのか、押し返すことができるのか。法が施行された今だからこそ、存在意義が問われることになる。

■新聞労連と秘密保護法

「戦争のために二度とペンを、カメラをとらない。戦争のために二度と輪転機を回さない」。戦後、新聞労働者が新聞労連の結成に向けて団結していくなかで結集軸の一つになった言葉だ。

日本がアジア・太平洋戦争に突入し破滅へと向かう間、新聞は大本営発表を垂れ流し、ひたすら戦意をあおる役割を果たした。この重大な歴史的事実を反省することなく新聞労働運動の発展はありえない。これは、先輩たちから引き継がれた重大な決意であり、新聞労連の財産としていまも運動方針の中に生かされている。

新聞労連はなぜ、秘密保護法に反対するのか。「戦争は秘密から始まる」からだ。

政府が秘密を保持しようとするとき、その陰には必ず戦争を起こそうとする企みがある。「秘密は戦争の道具」なのである。秘密保護法に反対することは、戦争に反対する取り組みと同義だと私たちは考える。

アメリカのブッシュ前大統領は「イラクが大量破壊兵器を保有している」と言ってイラク戦争を始めた。しかし、それはまったくの誤りだった。ニューヨークタイムスなど主要紙がブッシュ政権の言い分をそのまま報じ、結果的にイラク戦争に荷担してしまった。

秘密保護法が施行されたいま、同じようなことが日本メディアにもふりかかるのではないかと強く懸念する事態が立ち現れている。

安倍政権は２０１４年夏、憲法解釈を変更し集団的自衛権の行使容認に踏み切った。では、政府が集団的自衛権を行使すると判断する材料は国民に正しく開示されるのだろうか。それがきわめて怪しくなっている。安倍首相は国会答弁で「集団的自衛権行使を判断する根拠となる事実に関わる情報が特定秘密の指定を受ける可能性がある」と認めたからだ。

特定秘密は国会議員に対してもきわめて限定的にしか開示されない。自衛隊を外国の戦争に差しだそうというような重大な事態になったときも、その背景はごく少数の国会議員にのみ伝えられる。その議員らも他人に伝えれば有罪となる。

このままでは再び国会は翼賛会となり、新聞は国が認めた情報だけを垂れ流すことになりかねない。新聞労連の存在が問われる、重大な事態に至っている。

こうした認識を踏まえたうえで、法は施行されたが、新聞労連はこれまでと同様に法の廃止を求める市民運動の一角で闘っていく。同時に、取材現場への影響や記者、新聞社などへの弾圧に備えることも避けて通れない。弁護士らを講師に招いての学習会なども開催し、臨戦態勢を整えつつある。

秘密保護法の影響が取材現場でどのように立ち現れていくか、全国の加盟組合を通じて情報交換を進めていく。私たちは以前から、秘密保護法の施行後、国の機関に先んじて地方自治体の取材拒否や情報公開の後退が起きるのではないかと推測してきた。すでに、一部の自治体で情報公開の後退が露わになっている。住民そっちのけの国に対する「おもんぱかり」がまかり通りかねない。地方自治体への監視を強めることは、全国の新聞労働組合が参加する新聞労連の役割でもある。

Ⅱ部　秘密保護法によって、こんな記事は読めなくなる

二度と国民をだまさないために　北海道警察裏金問題取材から

高田昌幸（高知新聞社会部・元北海道新聞）

■権力は不都合を隠す

80歳過ぎの高齢とは思えなかった。語気は強く、言葉は鋭い。右手の人差し指を長く立て、低い声でしゃべり続ける。勢いが付くと、質問を差し挟むタイミングを逃しそうになるほどだ。

２０１４年6月の高知。

元毎日新聞記者の西山太吉氏は「特定秘密保護法で隠される最大の情報は何か」との問いに対し、速射砲のように言葉を連ねた。

「日米関係だよ。軍事、外交、経済など全部だ。日米関係、特に軍事関係は現実、今も憲法の上位にあり、憲法の枠組みをこれまでも完全に侵食してきた。その実態は全く明らかになっていない。それなのに、こんな法律ができてしまった。秘密保護法が施行されたら、そうした日米関係の協議や決め事、運用の実態は『特定秘密』に指定され、今まで以上に闇に潜る」

「40年ほど前の沖縄密約すら日本は自ら検証できていない。外務省をはじめとする政府、官僚が自分たちに都合の悪いことを全部隠しているからだ。国民をだましてきた歴史を隠している。今も、だ。密約の事実は米国の公文書で出てくるのに、日本からは出ない。こういう先進国はほかにない。日本は自国の歴史を自分で書けない国だ」

「権力は不都合を隠す。隠して、自分たちに都合の良いように動く。国民の本当に知りたい情報は、時の権力にとって不都合な情報だ。これを突くのが知る権利の行使であり、記者の使命だ。しかし、政府にとって真に都合の悪い秘密を記者が抜いた（暴きだした）ことがあるか？　記者はまず、それを顧みろ」

西山氏の関わった沖縄密約事件の経緯や密約の内容については、ここでは触れない。「権力にとって真に都合の悪い秘密を記者が抜いたことがあるか？　それが記者の使命だろう？」という言葉は止まなかった。

■北海道庁の裏金づくりのからくり

短いフリーランスの期間を挟んで、筆者は北海道新聞と高知新聞で30年近く記者を続けている。その間、幾多の調査報道を手掛けた。そうした経験から言えば、「本来は国民に開陳すべき数多の情報を、これまでも権力機構や権力者は十分過ぎるほど隠してきた」と断言できる。しかも自らの不都合を隠すためなら、権力は何度でも嘘をつく。

一例を紹介しよう。

１９９０年代半ば、北海道庁の組織的な裏金問題を取材したことがある。中央省庁に先行して自治体の情報開示制度が整った時期であり、記者やオンブズマンたちが競うように公文書を開示することが一種のブームになっていた。

北海道庁の「食糧費」「会議費」などに関する経理書類を開示請求で大量に入手した。すると、一部黒塗りながら、中央省庁の官僚を接待したと記載された文書が次々に見つかった。地方官僚が公費で接待する「官官接待」であり、金額も回数も凄まじい。類似の事例はその後全国各地で発覚し、大きな社会問題に発展していく。

ところが、黒塗りで隠された飲食店名の情報などを入手し、取材を重ねるうち、「官官接待」とはまったく違う実相が見えてきた。簡単に言えば、「官官接待」で宴を開いたと偽って、ほとんどの公金を役所内にプールする組織的裏金づくりだったのである。実際は「官官接待」などほとんど行なわれておらず、裏金を隠す方便にすぎなかった。

報道が「官官接待」の域を出なければ、「予算獲得や情報収集のためなら中央省庁官僚の接待も止むを得ない」といった是非論が顔を出す。これに対し、「官官接待」が裏金を隠すための方便だったとなれば、様相はまったく違ってくる。

■「権力は何度でも嘘をつく」

２００３年から２００４年にかけての北海道警察の裏金追及も、似たような構図だった。最終的に10億円近くを国庫や道に返還することになった裏金問題について、道警は当初、「不正は一切ない」と言い張った。会計書類の偽造が隠せなくなると、「身の危険を冒して捜査に協力してくれた市民を守るため、架空の氏名を会計書類に記載しただけだ」と言い始めた。それも虚構だった。「身の危険を冒して捜査に協力してくれた市民」など存在せず、そこに謝礼を支払うという行為そのものがなかったのである。

道警は組織的に裏金をつくり、貯め込んだ裏金は誰のチェックも受けないまま、幹部の自由な差配で使われていた。いわば、公金のマネーロンダリングだった。

こうした事例はいったい、何を物語っているのか。

一つは「権力は何度でも嘘をつく」ということ。もう一つは「公文書の記載が事実とは限らない」ということである。沖縄密約事件とは問題の大きさも社会への影響度も比較にならないが、西山氏の「官僚は自分たちに都合の悪いことを全部隠している。国民をだましてきた歴史を隠している」という指摘は、地方自治体なども含めあらゆる「権力」に当てはまる。それを実感した。

北海道新聞 2003年（平成15年）12月3日（水曜日）

報償費不正 道警ぐるみか

慶弔や交際に利用

現職幹部、OB証言

北海道新聞 2004年（平成16年）4月28日（水曜日）

道警に「裏金指南書」

信ぴょう性疑われるな

副署長研修で

道警ずさん

国の警察で発覚した会計文書の廃棄

24部署72点 全国で突出

北海道新聞 2004年（平成16年）5月10日（月曜日）

道警が会計書類改ざん

裏金問題

監査対策で工作か

複数が証言 先月「幹部が指示」

2004年（平成16年）5月10日（月曜日）

道警の裏金書類改ざん

「これ以上、裏金疑惑が出たら個人の責任だ」という上司の下、「改ざん」を証言した警察官の声を集めた。

巧妙 署員悲痛

捜査せずに毎晩小細工 ばれたら責任負わされる…

証言次々 「もう耐えられぬ」

高知新聞 The Kochi 2013年（平成25年）11月28日（木曜日）

陸自 独断で海外情報活動

首相、防衛相に知らせず

文民統制

身分偽装し

2004年（平成16年）2月26日（木曜日）

弟子屈署の裏帳簿入手

96—2000年度分 報償費・捜査費

幹部ヤミ手当記載

署長に1回4—6万円

元署長「見たことない」

北海道新聞 2003年（平成15年）12月5日（金曜日）

報償費問題

道警本部が口止め

署長やOBに 複数幹部が証言

「許せぬ」「調査を」

道、道警に抗議計150件

■権力監視型調査報道と秘密保護法

日本には長らく、「既存メディアに調査報道はない」という批判があった。東京電力福島第一原発事故の後は、特に強まった。

これは半分事実であり、半分は事実に反する。

権力の奥に切り込むような報道はこれまでも多々あった。

古くはミドリ十字事件（毎日新聞）やリクルート報道（朝日新聞）が知られる。近年では大阪地検特捜部検事による証拠改竄事件（朝日新聞）、日米地位協定に関する解釈文書全文の入手（琉球新報）などがあった。

ごく最近も調査報道の実例はある。

福島第一原発事故に伴う福島県民健康管理調査の欺瞞を明るみに出した報道（毎日新聞）、関西電力の元副社長を実名で登場させ、過去の政界工作を語らせた報道（朝日新聞）。陸上自衛隊が首相や防衛大臣にも内密にしたまま、中国やロシアなどで長年諜報活動を続けていたとの報道（共同通信）もあった。

調査報道の古典的事例としては、米国のペンタゴン・ペーパーズ事件やウオーターゲート事件が知られる。最近ではエドワード・スノーデン氏による機密情報の暴露を丹念に裏付けして、英紙ガーディアンなどが報道した事例もある。

それぞれの調査報道はその時期、社会に一定の影響を与えてきた。権力中枢を揺さぶり、政権崩壊に至らしめた例もある。それほどまでに調査報道の威力はすさまじい。

こうした「権力監視型調査報道」は通常、権力機構内部で秘匿されていた情報や文書を入手したり、内部告発の受け皿になったりすることで成り立っている。逆に言えば、内部からの情報がほとんどない状態が続くと、権力の奥の院を監視することはかなり難しい。

２０１４年12月に施行された秘密保護法はその狭間に立ちはだかる。

それはどういう意味か。

日本では長い間、「権力にとって真に都合の悪い情報を組織内部から内部告発的にリークする」形が極端に少ない、と言われてきた。取材の最前線において、記者と権力者が馴れ合い、二人三脚を組んで歩む例は枚挙に暇がない。先に挙げた調査報道の実例は、日常の取材活動から言えば、「例外」であろう。

誤解を恐れずに言えば、現在においても権力中枢の内部情報、機密情報を取ってくる取材は、外形的には国家公務員法や地方公務員法、自衛隊法などに違反する可能性がゼロではあるまい。それにもかかわらず、先例のような調査報道取材を社会が容認してきたのは、主権者たる国民の「知る権利」の実践であると解されてきたからだ。

秘密保護法はその間に立ちはだかり、高い壁となるのだ。

「知る権利」に応えようとする人は権力内部にもいる。違法行為や不法行為、不作為などを許すまいと考える人々は「ムラ」の掟に抗い、本当の情報を何とかして国民に知らしめようと考えている。

そうした人々にとって、秘密保護法の壁は実に分厚く、高い。この法律の施行以前、壁は「最悪」でも、国家公務員法違反などの「最高で懲役1年」だった（日米相互防衛援助協定に伴う秘密保護法〔ＭＤＡ法〕違反などの最高懲役10年を除く）。

その環境が激変した。多くの公務員の前には今、秘密保護法の「最高で懲役10年」が立ちはだかる。「1年」とは雲泥の差だ。内部告発を考える公務員に対し、萎縮効果は十分だろう。

秘密保護法の施行によって、行政機構の内部には「特定秘密」の漏えいに目を光らせる体制と態勢が出来上がる。情報が漏れた場合は当然、当事者を探し、特定し、厳罰を加えようとする。まずは、権力機構内部の締め付けとしてこの法律は威力を発揮するのであり、最初から報道機関の締め付けのために利用されるのではない。

実際、それを窺わせる兆候は早くからあった。

２００５年5月に読売新聞が報道した「中国潜水艦の火災」はその一例と言って良い。この読売報道は、防衛省情報本部の幹部から得た情報が端緒だった。報道後、何が起きたか。「防衛秘密」を漏えしたとして、情報源の一等空佐（懲戒免職）だけが自衛隊法違反容疑で強制捜査の対象となり、書類送検された（後に起訴猶予）。読売新聞記者はおとがめなしである。

繰り返し、以下の点を強調しておきたい。

秘密保護法はまず、権力機構内部の締め付けを強化してゆく。内部告発者と報道側を分断する形で根を張ってゆく。全国紙や在京テレビ局といった大手報道機関からすぐにでも逮捕者が出るかのような言説は、的を射ていない。権力機構にすれば、大手報道機関は何よりも組織ごとに「取り込む」「利用する」対象である。権力と報道の距離の近さ、強まる一方の二人三脚ぶりを考えれば、「取り込む」「利用する」はそう困難ではないかもしれない。

■秘密保護法の壁を壊す方法

秘密保護法の施行まで半年を切った２０１４年７月、最高裁で「沖縄密約開示訴訟」の判決があった。西山太吉氏らが原告となり、１９７２年の沖縄返還時に日米両政府が交わした「密約」を開示せよ、と求めた訴訟である。

一審の東京地裁で勝訴した原告らはその後、東京高裁で敗れた。それでも、この最高裁判決には呆れかえったに違いない。最高裁は「行政機関が存在しないとした文書の開示を裁判で求める場合、請求した側が文書の存在を立証する責任がある」との初判断を下したからである。

日米間の約束事に関しては、米国で公文書が見つかっても、日本政府が「ない」と言い続けた事例がたくさんある。それを承知のうえで最高裁判決は、日本政府がないと言った情報の存在証明を権力機構の外側に負わせたのである。

北海道庁の裏金事件のような出来事から政府レベルまで、日本では多くの情報が隠されてきた。すでに、秘密は十分すぎるほどある。そのうえにこの最高裁判決、そして秘密保護法。頑丈で新たな鋼鉄製の蓋を用いて、情報はさらに覆われてしまった。

秘密保護法の施行後の記者たちは、それでも鋼鉄の鍋蓋を素手でこじ開けなければならない。より強固になった鋼鉄を素手で溶かしてゆかなければならない。取材源の秘匿をさらに徹底し、権力側の反撃を許さぬ綿密な取材を敢行し、国民の前に「事実はこうだ」と提示しなければならない。

仮にそれができなくなれば、報道は最早、単なる「発表媒体」でしかない。現状でも新聞やテレビの報道は、7～8割が「発表報道」「発表ものを加工した報道」だと言われる。それに依拠した「評論」「批評」もあふれている。もちろん、その自由はどこまでも保障されなければならない。

しかし、記者が提示するのは、まず「事実」である。「評論」や「意見」を根底から覆すかもしれない「隠された事実」の報道である。徹底した取材の成果として、事実をテーブルの上に広げなければならない。「結果」や「決定」に重きを置く発表報道ではなく、そこに至るプロセスを国民の前にあまねく提示しなければならない。つまるところ、記者は「取材のプロフェッショナル」でなければならない。

当たり前の話だが、「秘密保護法の壁を乗り越えよう」「秘密を暴きだして知る権利に奉仕しよう」「権力の秘密は許さない」といったスローガンだけで、取材力が進化、深化するはずはない。取材力を徹底的に研ぎ澄まし、細心の注意を払いながらファクトにこだわり、権力の中枢に迫る。そういった取材力の向上こそが秘密保護法の壁を壊す唯一の方法である。

■問われる記者側の「本気度」

「知る権利の実現」を口にすること自体は、じつは非常に簡単だ。「権力を監視する」と言うのも簡単だ。そんな言葉を日常的に発する記者を筆者はたくさん知っている。「知る権利」に関する評論を記すことも簡単である。

しかし、である。

記者にとっての「知る権利の実践」とは、隠された事実を掴み、裏付けし、整理し、読者に提示することが基本である。「知る権利の実践」を日々口にする記者は、たとえば、権力機構の上層部に「いい記者だね」「君は分かってくれる」と言われて、気分よくなっていないだろうか。

権力側に都合のいい情報をリークしてもらい、それを報じることで「特ダネを報じた」と勘違いしていないだろうか。

権力側の覚えめでたい記者になっていないだろうか。

情報開示請求の制度を使いこなしているだろうか。

市民オンブズマンに取材力・分析力で負けていないだろうか。

取材で得た情報を自分の仕事の都合や社内での保身に使ったことはないだろうか。

社内の仲間や同業他社が権力の壁に切り込んでいる時、冷ややかに、わけ知り顔になって、傍観者を決め込んでいなかっただろうか。

権力側の深層に迫る努力を持続しているだろうか。

本当に「知る権利の行使」のために記者は活動しているだろうか。

そういった記者側の「本気度」と「取材力」を権力機構の人々は、冷徹に観察している。

「知る権利」を完全に失ったアジア・太平洋戦争の時代、報道界は権力の軍門に下った。

それどころか、最初から「権力の宣伝要員」だった。大本営発表の垂れ流しを繰り返した末路は、どうだったか。約10万人が死亡した1945年3月、大手新聞社の本社が建ち並ぶ東京の大空襲すら、まともに報じることができなかった。

記者の仕事は「もう二度と国民をだまさない」ことにある。

そのためには記者自身がだまされてはいけない。

だまされない、だまさない。

問題は、それに向かって行動するか、行動しないか、だ。

本気になってやるか、どうか、である。

屈せず、臆せず、したたかに　在日米軍取材から

斉藤光政（東奥日報編集委員兼論説委員）

■市民の「怖い」という感想

「法が施行されたなら、あなたのような記者が真っ先に対象になり、つかまるんじゃないですか。怖くないですか」

ある集会が終わった後、見知らぬ女性から突然、声をかけられた。津軽地方独特の抜けるように色が白く、鼻筋が通った端正な顔は不安にゆがんでいるようにも見えた。

「私たちはただ、国がやっていることを知りたいだけなんです。だから、新聞やテレビに期待しています。でも、その代償が刑務所行きということになればつらいですよね」

早口でそう続けると、会場を足早に去って行った。特定秘密保護法が成立して半年近くが過ぎた２０１４年5月末、北国でリンゴの花が咲き誇るころのことだ。

その集会は地元の弁護士会が青森市で開いたもので、秘密保護法の意味、平たく言えば危険性を広く市民に知ってもらおうというのが主な趣旨だった。

講演者の一人として私が求められたのは、軍事関係の調査報道に長く携わっている記者として、この新法をどう受け止めているか、だった。

もちろん、私の立場は「反対」であり、記者の多くが繰り返すように、秘密保護法によって国民の知る権利が侵され、特に防衛情報が著しく制限されることを語った。

それを強調したいがために、真っ黒に塗りつぶされた防衛省の開示文書を会場に配り、「法が施行されたら、これよりもっとひどいことになるんですよ。われわれは一切、防衛情報にふれられなくなるんです」と説明したのだが、冒頭の女性はその文書のあまりの〝黒さ〟、つまり国の断固たる秘密主義の壁に圧倒され、恐怖すら感じたのだという。

それが「怖い」という率直な言葉になって表れたのだった。

■すべて黒く塗り込められた2艦の日誌

開示文書は現行の情報公開法にのっとって私が入手したもので、内容は海上自衛隊のイージス艦「こんごう」（7250トン、横須賀基地所属）と「きりしま」（同）の航海日誌だった。ご存じのとおり、イージス艦はミサイル防衛のかなめで、弾道ミサイルを探知・追尾し、迎撃する役目を与えられている。

2013年4月には北朝鮮が新型の中距離弾道ミサイル「ムスダン」を発射する構えを

見せ、それを受けて防衛省は破壊措置命令を下すとともに、イージス艦を出動させた。その際の各艦の配置（迎撃位置）を航海日誌から特定できれば、防衛省が有事の際に想定している北朝鮮の新型ミサイルの飛行コースを突き止められると踏んだのだ。

青森県には、ミサイル防衛の中で「最前線の目」に位置づけられている米軍のXバンドレーダーと、航空自衛隊のガメラレーダー（FPS5）が配備されている。これら早期警戒システムとイージス艦との連携態勢も知りたかったということもある。

ところが、防衛省はそんなに甘くなかった。文書課との長いやりとりの末、ようやく手にしたのは、表紙を除いてすべて黒く塗り込められた2艦の日誌だったというわけだ。

幸運なことに、私はジャーナリスト関連の賞を過去に何度か受賞しているが、それらはすべて、三沢基地（青森県）をはじめとした在日米軍と、本州最北端の青森県内に濃密に分布する自衛隊基地、そして北朝鮮ミサイル問題についての調査報道によってだ。

「三沢は核攻撃基地だった」（2000年）、「冷戦時の三沢基地　サリン爆弾扱い訓練」（同）、「空母ミッドウェー　艦載機は　核攻撃部隊」（2001年）、「三沢F16　隠された事故69件」（2007年）、「イラク派遣の三沢F16　アフガンで秘密任務」（2008年）、「臨戦態勢だった北朝鮮　迎撃ならイージス攻撃」（2009年）

そんな見出しが並ぶ記事の多くは、米国の情報公開法（FOIA）によるところが大きく、取材に当たってはかの国の意外なほどのフェアさ、懐の広さ、なにより米国憲法が高らかに謳う「知る権利」と「表現の自由」に誠実であろうとする気概を感じた。

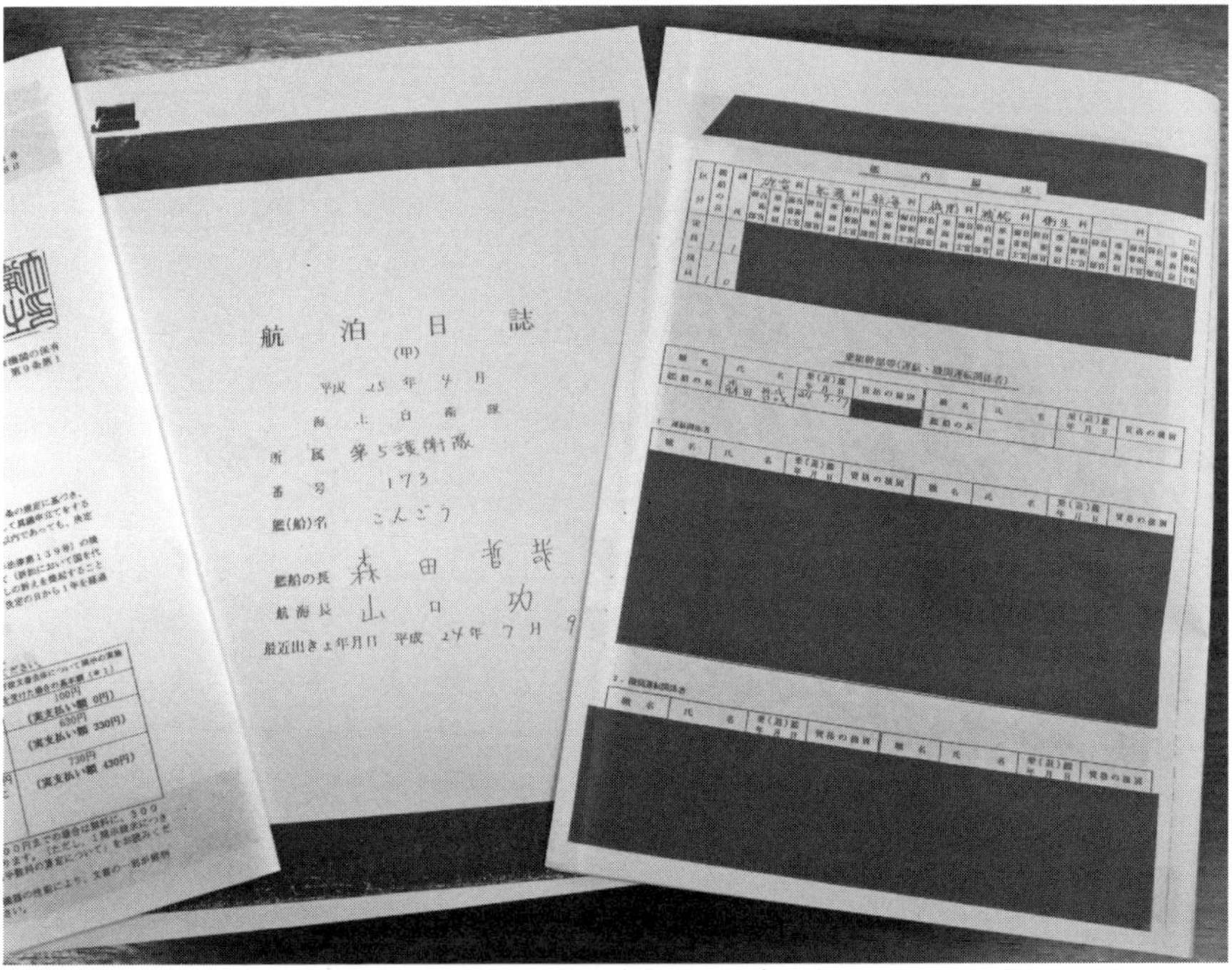

情報公開法に則って防衛省に開示請求した海上自衛隊の航泊日誌。ようやく入手した文書は表紙を除いてすべて黒く塗り込められていた。

しかし、米国をお手本にしたはずの日本の情報公開法はというと、前述のように扉を固く閉ざし、とても最高機密とは思えないような情報さえ「不開示」とするお寒い状況にある。取材に際して「ノーコメント」や、現地部隊レベルでの門前払いなど日常茶飯事だ。

そのかたくなともいえる姿勢からうかがえるのは、「人民には知らしむべからず」という、政府の旧態依然とした閉鎖的体質である。

■為政者の目論見

ここで何を言いたいのかというと、政府が防衛秘密を守りたいのなら、ことほどさように現行法で十分だということだ。それなのに、あえて重罰の秘密保護法なるものをつくり出し、国民の強い反対の声にもかかわらず施行を強行したところに、為政者の強い意図を感じざるを得ない。

その目論見とはいったい何なのか？　それはマスコミに対する強いけん制であり、それに伴う萎縮効果にあると確信している。

この本の中で、他の著者も指摘していると思うが、秘密保護法の問題点の一つに「秘密」の領域のあいまいさがある。何が秘密なのかもわからないまま取材に奔走する記者は、はだしで地雷原を歩いているようなものだ。

そんな不安の中、ある日突然私服警官が現れ、事情聴取を求めてきたら……。それは悪夢以外のなにものでもない。さわらぬ神にたたりなしとばかりに、防衛情報から遠ざかろうとする意思が働いてもおかしくない。

「つかまるかもしれない」。そういった漠とした恐怖感を抱かせることで、記者のペン先を鈍らせるだけでも、法律をつくった効果があるだろう。自主規制、自己検閲というやつだ。

そして、記者を社会的に葬るには逮捕の一つもあればいい。それは外務省機密漏洩事件（1972年）の毎日新聞・西山太吉氏のケースが雄弁に物語っている。記者が本当に罪に当たるようなことをしたかどうかなど関係ない。世間は逮捕された事実だけで疑惑の目を向け、その新聞を敬遠する。えん罪と同じ構図である。

２００７年に私は、米軍三沢基地から出入り禁止処分を受けたことがある。国内で初めてのケースということで注目を浴びたが、処分理由がふるっている。「基地公開の際、騒音の苦情に関する質問を（基地を訪れていた）三沢市長に行なった」などというのだ。

記者としてインタビューという当たり前の取材活動、それも騒音という市民生活に密接に関連した問題について聞いただけなのに、それが気に入らなかったらしい。米軍にとって、それだけ私が目の上のたんこぶだったのかもしれないし、あら探しをするやっかいな記者に警告の一つも与えたかったのかもしれない。

処分は1年8カ月後に無事解除されたが、私が属する東奥日報が、憲法で保証された「報道の自由」を求め、紙面と公式文書をもって敢然と抗議したせいでもあるし、事態を苦々しく思っていた米大使館が動いたせいでもある。

ただし「斉藤は怪しい取材をしたのではないか」と憶測する空気が社内外にひそかに流れていたことを否定しない。現に、地元記者クラブの総意として米軍に抗議しようという動きになったものの、ある中央紙の拒否により実現しなかった経緯がある。

また、処分解除後のことだが、防衛省関係者への取材に当たって、処分を理由に自衛隊側から〝妨害〟を受けたことがある。その関係者によると「斉藤は米軍から出入り禁止処分を受けたことがある〝要注意〟の記者だから、取材を受けないほうがいい」というような内容の〝助言〟を受けたのだという。処分を利用した一種の締め出しである。似たような出来事はほかにもある。

これら2、3の事実を取り上げただけでも、米軍の処分は効を奏したといえるのかもしれない。秘密保護法が施行された今、同じような〝トラブル〟が恣意的に、しかも国の望むままに、いつでも起こりうるということだ。この原稿を依頼されたとき「どのような影響があるか書いてほしい」との要望を受けたが、端的に言えば、そういうことなのだ。

でも、屈してはいけない。臆してもいけない。したたかにならなくては。

そのためには、一線の記者を組織を挙げて守る法的なバックアップ、そう、マスコミ各社が通常抱える法律顧問を超えた、強力な〝有事〟支援態勢づくりが急務となる。

■記者への強力な支援態勢づくり

私の場合には、何か問題が起これば日弁連の情報問題対策委員会に所属する弁護士と憲法学者が24時間態勢で駆けつけてくれることになっている。出入り禁止処分という向こう傷を持つ記者は万事怠りないのだ。

秘密保護法絡みで司法当局から非好意的な接触を受けた記者を、決して〝犯人〟視しない。そんな当たり前のコンセンサスを、業界内で共有することが前提であることは言うまでもない。

さらに、取材源として協力してくれる一般市民や情報提供者や内部告発者を保護する制度がぜひとも必要となるだろう。

世界最大の情報組織として知られる米国家安全保障局（ＮＳＡ）の違法な通信情報収集の実態を、勇気をもって告発した元ＣＩＡ職員、エドワード・スノーデン氏を間違っても「国家に対する裏切り者」におとしめてはいけないのだ。日本国内各地で息を潜めているであろう小さなスノーデンたちのためにも。

ちなみに、スノーデン氏がリークを決意したのは、ＮＳＡの請負企業の従業員として日本に駐在していた２００９~２０１１年のことだという。私の調査によると、その時、彼は三沢基地内に存在するＮＳＡの秘密施設（ＭＳＯＣ＝三沢安全保障作戦センター）にいた可能性が極めて高く、将来的にその取材成果を紙面で紹介できればと考えている。ただし、特定秘密保護法によって逮捕されていなければの話だが。

このように政府が国民から遠ざけようとしている防衛情報だが、皮肉にも現実は逆の方向へ進んでいる。例えば三沢基地。米軍は無人偵察機グローバルホークの一時配備を２０１４年から始め、空自はF35ステルス戦闘機の配備を２０１７年度内に予定している。いずれも先端技術を満載した最新兵器ゆえにメンテナンスに手間暇がかかる。ということはすなわち、秘密に接する人間が日米の民間会社に限りなく拡散することを意味している。軍需産業のノウハウ抜きにして最新兵器の維持管理はおぼつかないからだ。

こうした軍とメーカーが不可分の状況の中で、膨大な数に達するであろう関係者の行動を完全に制限し、それぞれの口に戸を立てることははたして可能なのか。秘密保護法は誰のために、なんのために存在するのか。あらためて問い返す必要がある。

基地を覗く、命を守る

秘密に包囲された沖縄米軍基地への取材から

阿部 岳（沖縄タイムス社会部）

■金網の向こうへの取材

沖縄の記者の大切な仕事に、「基地を覗く」ことがある。米軍の飛行場建設が計画されている名護市辺野古のキャンプ・シュワブ。２０１４年夏、滑走路の埋め立て工事着手は秒読み段階にあった。沖縄タイムスの私や同僚は、24時間態勢で基地を監視した。

船を出せば、海岸で進む着工準備の様子が手に取るように分かる。海上保安庁のゴムボートが「離れてください」と規制にかかる。それをかいくぐって写真を撮る。陸上のゲート前には機動隊。反対する市民を押しのけ、トラックが資材を搬入するのを記録した。

12年には、事故続発で「空飛ぶ棺桶」とまで言われた新型輸送機オスプレイが、県民ぐるみの反対を押し切って配備された。この時も普天間飛行場周辺に朝から晩まで張り付い

「米軍の飛行場建設に抗議する市民のボートを、海上保安庁職員が追い回し、現場から遠ざける」2014年8月15日、沖縄県名護市辺野古沖、筆者撮影。

た。

夜間や住宅地上空は飛ばない、という約束だった。政府や米軍は「守っている」と主張した。だが、私たちが集めた写真や飛行記録は、違反の常態化を浮き彫りにした。

基地の金網の向こうには、日米両政府にとって不都合な事実が転がっている。両政府が説明責任を果たさない以上、私たち記者はその事実を拾いに行く。

■命守る監視に罰

沖縄で基地を覗くのは、記者ばかりではない。2004年、本島北部キャンプ・ハンセンの中で実弾射撃施設の建設が進んでいることが発覚した。

住宅地からの距離はわずか約300メートル。いつ銃弾が飛び込んでくるか分からない。地元金武《きん》町伊芸《いげい》区の住民は自治会を挙げて立ち上がり、やぐらを組んで基地内で進む工事の監視を始めた。

形の上では、通常見えない軍事情報をわざわざ覗く行為。秘密保護法の「秘密の管理を害する行為」を適用できる。内閣情報調査室も、取材に「理論的には対象になり得る」と答えた。やぐらから取材していた私たち記者も、命を守るため監視する住民も、処罰される可能性がある。最高刑は懲役10年だ。

この射撃施設は、住民の粘り強い抗議で基地の奥のほうに移設することを余儀なくされた。頼りの日本政府が常に住民ではなく米軍の側に立つなかで、監視は住民の大きな武器になってきた。秘密保護法は、その邪魔な武器を取り上げるために使える。政府の胸先三寸だ。

■「防諜」の犠牲者

基地に包囲されている沖縄は、陸も空も海も、特定秘密だらけだ。この状況は沖縄戦の前年、1944年に日本軍が本格的に進駐してきた時から70年にわたって続いている。

日本軍は沖縄を本土防衛の「不沈空母」にしようと、住民を動員して飛行場や陣地を建設した。私有地を接収した所も多く、生活空間のすぐ隣。住民は嫌でも軍の配置や陣地の構造といった機密を知ることになった。

日本軍は住民をいいように使う一方で、疑いの目を向けていた。秘密保護法の戦前版とも言える軍機保護法では、沖縄全域が特殊地域に指定された。軍文書には「『デマ』多き

基地監視 処罰の恐れ

04年金武・伊芸区 やぐら建設

政府が成立を目指す特定秘密保護法案は、国の職員だけでなく民間人をも縛る。特に基地と隣り合わせの沖縄では、住民が身を守ろうとしただけで処罰される恐れがある。米軍キャンプ・ハンセンに都市型戦闘訓練施設が建設された時、地元住民がやぐらを建てて監視したことについて、政府は防衛秘密の不正取得になり得るとの見解を示した。住民は「机の上でなく、基地に囲まれた現状を見てから法律を作ってほしい」と怒る。

（阿部岳）＝3面に関連

民間人にも網

秘密保護法 沖縄の視点

「命守る行動 なぜ対象」

都市型施設での射撃訓練は、実弾を使う。米軍が住宅地からわずか約300㍍の場所に建設を始めたのは2004年。地元の金武町伊芸区はすぐそばの民間地にやぐらを組み、建設や訓練を監視した。

現区長の山里均さん(62)も、毎日のようにやぐらに上った。建物ができていく様子、完成後に訓練の米兵がライフル銃を手に歩き回る姿を悔しさとともに見守った。動きがあれば、すぐ公民館に連絡した。

秘密保護法が成立すると、こうした行為はどう判断されるのか。所管する内閣情報調査室は沖縄タイムスの取材に「答えに困る」としつつ、「理論的には対象になり得る」と説明した。

わざわざやぐらを建てるのは、普通は見えない（公になっていない）物をのぞくことになる。法案は米軍ではなく日本政府の扱う秘密が対象だが、この時は防衛省などが情報を把握していた。あとは防衛省が「特に秘匿が必要」と秘密指定さえすれば、不正取得を処罰する要件がそろう。懲役は最高10年だ。

山里さんは「法案の対象は公務員だけじゃないのか」と、驚いた表情を浮かべた。それどころか、政府の見解では国の職員と接触していなくても民間人が処罰される。「米兵の銃口はいつ住宅地を向くか分からない。自分たちの命を守るために監視して、なぜ捕まるのか」

伊芸区の住民は戦後ずっと流弾の恐怖にさらされ、山里さん自身も被害を目の当たりにしてきた。都市型施設は山手に移設されたが、民間地に近い他の射撃場では実弾射撃が続く。

今も大きな銃声が響くたび、訓練が見える場所を探して駆け回る山里さんは言った。「自分は逮捕されても仕方ない。米軍が危険なことをするなら、危険だと声を上げ続ける」

◀ことば　**都市型戦闘訓練施設**　米陸軍特殊部隊（グリーンベレー）が建物への突入訓練などをする。住宅地に近いキャンプ・ハンセンのレンジ（射撃場）4内に米予算で2004年着工、05年から使い始めた。金武町伊芸区はゲート前での486日間の早朝抗議行動、やぐらからの監視を続け、知事が参加する県民集会につなげた。反対運動の結果、山手のレンジ16への移設が決まり、日本政府予算で09年に完成した。

監視やぐらを建てていた水タンクを背に、都市型戦闘訓練施設の近さを説明する山里均さん＝1日、金武町伊芸

伊芸区が水タンクの上に建てた監視やぐらは、住民のほか報道陣も利用した＝2005年6月

沖縄タイムス　2013年11月6日付

土地柄」「防諜上極めて警戒を要す」といった記述が頻繁に登場する。根底には、今に通じる沖縄への差別と偏見があった。

1945年、敗北必至の地上戦が始まると、日本軍はついに「沖縄語を話す者は間諜（スパイ）とみなし処分す」という命令を下した。防諜の名の下、実際に多くの住民が方言で話したり、ハワイ帰りだったりというだけでスパイ視され、「友軍」に虐殺された。

■禁じられた撮影

沖縄を占領した米軍は、日本軍の飛行場を引き継ぎ、嘉手納基地などとして使い続けた。日本の敗戦後、昭和天皇が「米国が琉球を軍事占領し続けることを希望する」と後押ししたこともあって、日本の独立を認めるのと引き替えに、沖縄を引き続き占領下に置くことに成功した。

占領下では、基地の撮影が禁じられた。米兵が軍用犬を連れ、巡回するフェンス沿い。私たちの先輩記者は、周辺に停めた車の中や畑からの隠し撮りで実態に迫った。日本が手にした民主主義と報道の自由は、沖縄には存在しなかった。

本土復帰した72年以降、基地の撮影に制限はなくなったが、米軍の占領意識は変わっていない。私自身、銃を持った米兵に威嚇されたり、デジタルカメラのデータを消去するように求められたりしたことがある。フェンスの外では、彼らには何の権限もない。「ここは民間地だ」と反論して従わないが、銃はやはり怖い。

■国民に向く銃口

今、秘密保護法という銃口は、国民の知る権利に向けられている。沖縄で起きてきたことが、全国で再現されるだろう。最前線である沖縄の記者や住民は、真っ先に撃たれるかもしれない。

だとしても、軍と同居を強いられてきた沖縄では、情報不足が命に関わる。県民の4人に1人が死亡した沖縄戦や、戦後の米軍による事件、事故の膨大な犠牲。沖縄は嫌というほど思い知らされてきた。

秘密保護法の審議の過程で、残念ながら東京の一部メディアは賛成に回り、成立を後押しした。私たちは成立に当たり、日頃競い合っている沖縄のメディアにコメントを求めた。「沖縄の声が封じられないよう、ひるまず取材、報道する」「権力を監視し、国民の知る権利に応える責務を果たす」という決意が紙面を埋めた。

膨張する特定秘密を取材で一つ一つ暴き、悪法の実質的な力を少しずつ削いでいくしかない。基地を覗くことは、ますます大切な仕事になるだろう。

これ以上取材活動を制限するのか

原発事故をめぐるさまざまな闇を探る取材から

日野行介（毎日新聞東京本社特別報道グループ）

■福島県県民健康管理調査の深い闇

2012年4月に大阪から東京に異動して以降、福島第一原発事故による住民の被ばくに関する調査報道を続けている。とは言え、私は被ばくによる健康影響について科学的な報道をしているわけではない。被災者（被害者）の生活や将来を左右する政治決定が民主的なプロセスを経ているのか、そのために必要な情報が被災者、国民に公開されているかを追っているに過ぎないと考えている。

政府や自治体に情報公開を求めるのは報道として当たり前の仕事だ。彼らが隠さずに情報を公開するのであれば、私の仕事も必要なくなるはずだが、一向に仕事は減らない。政府幹部と被災自治体の首長が話し合うような重要な会議は非公開が当たり前で、情報公開請求をしても開示された公文書は黒塗りだらけで用を成さない。それどころか会議の存在自体を隠したり、議事録を改ざんするような悪質なケースもある。そもそも政府や自治体にとって都合の良い、アピールしたい情報だけを公開しているのではないか――、そんな疑念すら抱かせる。

被ばく対応を巡る底知れぬ闇を物語る事例を紹介したい。今回の事故で行政による唯一の網羅的な健康調査である福島県の県民健康管理調査（現・県民健康調査）では、有識者が調査データを評価する検討委員会を巡って、公開する本会合の直前に委員を集めて事前に資料を提示し、公開の会合で話すべき「セリフ」まで検討していた。まるで芝居の「リハーサル」だ。福島県は事前会議の存在を一切明らかにしていなかった。配布した資料もその場で回収し、メディアの察知を恐れて、直前に会場を変更したことまである。私は「秘密会」と名付けて報道した。福島県は「県民の不安の解消のためだった。隠したつもりはない」と釈明したが、ここまで隠ぺい行為を繰り返したのに、誰がそれを信じるのだろうか。

さらに初期の検討委員会では秘密会を開いたうえ、本会合も非公開で実施していた。ある県民が議事録を情報公開請求したところ、県は慌てて後から議事録を作成して開示した。これを報道したところ、県は改めて議事録を開示した。内部被ばくの調査をどうするか議論したくだりが新たに盛り込まれていた。県民のニーズが高い内部被ばくの調査を県の意向で退けたことを隠したかったのだ。目的は被害の矮小化に他ならない。ここまで悪質な隠ぺいはそうはあるまい。

■官僚が言い放つ「公表する義務はない」

国は福島県よりも悪質だ。事故による避難指示区域の解除を担当する内閣府原子力被災者生活支援チーム（ほぼ全員が経済産業省職員）は13年9月、近く解除を予定していた田村市都路地区や川内村などで個人線量計の測定調査を実施した。ただし調査の存在を公表していなかった。

専門的な話になるが、法令などは一般人が年間1ミリシーベルトを超える被ばくをしないよう国に義務づけている。しかし政府は事故直後、年間20ミリシーベルトを避難指示の基準に設定。11年12月の「収束宣言」以降も変更はなく、事実上、20ミリシーベルトが被ばく限度になった。この1と20の差が被災者の不信を招いている。そして政府は20ミリシーベルトを下回った地域の避難指示を解除し、避難者を帰還させようとしている。そのために個人線量計の有用性を強調し始めた。被ばくの目安として従来使われている航空機モニタリングに基づく年間推計値より、個人線量計の実測値からはじき出した年間推計値のほうが大幅に低くなる傾向がある。これを使えば避難者を安心させられると考えたからだ。

支援チームは13年9月～11月に開かれた原子力規制委員会の検討会（公開）で調査結果を提示し、解除後の住民帰還を促す予定だった。しかし検討会で調査結果が開示されることはなかった。結果が思わしくなかったからだ。個人線量計での年間推計値は、住民が解除後に帰還するかどうかを判断するうえで重要な情報だ。当然だが、解除を決定する前に公表するべきだろう。

しかし調査結果を公表しないまま、政府は14年2月23日の住民説明会で田村市都路地区の避難指示を4月1日に解除する方針を通告した。

毎日新聞は3月25日、支援チームが検討会に提出するため調査結果をまとめた文書を作成したにもかかわらず、内部で「線量の推計値が高い」との意見も上がって提出せず、半年間にわたって公表していないことを報道した。

しかし支援チームは「高いから公表しなかったわけじゃない」「(線量を)低く見せる意図はない」と猛反論し、報道を受けても調査結果を公表しなかった。そして4月1日の解除を迎えた。

その後、他紙が後追い報道したこともあり、支援チームは4月18日にようやく記者会見を開き、調査結果を明らかにした。それでも担当者は「隠ぺいしたわけではない」「一部の報道には抗議した」と報道批判を繰り返し、反省の一言すらなかった。ここまでひどくはなくとも、事故による被ばくを巡って公表されていない調査を他にも知っている。それを問い合わせたところ、担当の官僚から「公表する義務はない」と言い放たれ、あぜんとしたこともある。そして公表しない理由を問い詰めると、「不安を煽り、風評被害につながる」「自由な議論を妨げる」などと、空虚な答えばかりが返ってくる。

■行政の組織的な隠ぺい体質と原則無視

純然たる個人情報を除き、行政の持つ情報は本来公開されるべきものだろう。しかし、原発事故後の被ばくを巡って、国民の知る権利に応えようとする姿勢を行政側に感じたことはない。組織的な隠ぺい体質と対峙し、報道を続けていくのがいかに大変か、理解していただけただろうか。

「秘密保護法は原発事故と関係ない」「事故の情報はしっかりと公開する」。政府はそう繰り返してきた。だが何が秘密かすら分からないのが秘密保護法の最大の特徴だ。この法律にかこつけて、行政が秘密の範囲を際限なく拡大するのではないかと懸念するのは当然だろう。

そもそも行政が言う「原則」ほど信じられないものはない。政府や自治体が持つ情報公開制度は、報道にとって国民の知る権利に応えるための不可欠な手段だ。私も常に活用している。情報公開法は請求から開示までの期間を原則30日、自治体の条例では14日か15日以内と規定している。だが、一連の取材で行政がこの期限を守ったことは少なく、ほとんど期限が延長される。行政がいかに「原則」を無視するのか日々実感している。

それだけではない。重要な決定がどのようにされたのか、誰がどのような意見を言ったのかを調べるため、非公開の会議の議事録や資料を情報公開請求すると、ほとんど黒塗りで開示される。情報公開法は、内部や関係機関との協議で、公にすることで率直な意見交換を「不当」に妨げ、「不当」に国民に混乱を与える恐れがある場合は不開示にできると規定する。官僚たちはこの「不当」を拡大解釈し、不都合なプロセスをすべて隠ぺいしている。現状の情報公開法すら不完全と言うほかない。

原発事故後の住民被ばくを巡る問題は国の未来に関わる重要な問題だ。国民の知る権利に応えるため今後も取材を続けていくつもりだ。言いたいことはただ一つ。現状でもこれだけ大変なのだ。隠ぺいを正当化する武器をこれ以上行政に与えないでほしい。

実名で語ることの重み　米軍基地で働く日本人作業員の取材から

磯野直（沖縄タイムス社会部）

■語ることの妨げになっている、基地の見えない圧力

基本的人権がなかった米軍占領下の沖縄で、基地従業員がフェンスの内側でどんな作業をし、何を見て、どう思ったのか——。

２０１２年４月、沖縄タイムス中部支社編集部の記者６人は元従業員の体験談を聞く連載「基地で働く　軍作業員の戦後」に取り組んだ。「おばさんたちが弾を磨いていた」「毒物と知らされず、素手で扱わされた」など、沖縄で暮らしていると普通に聞く話だが、実際に当事者たちの口から聞いたことがなかったためだ。

これまで米軍占領下の基地従業員については、１９６３年に結成された全沖縄軍労働組合（全軍労）の闘争を中心に語られてきた。当時、個々の従業員の発言が紙面に登場して

も、100％匿名だった。匿名でなければ、米軍に何をされるか分からない時代だったからだ。米軍による沖縄占領が終わってから40年以上がたつ。実名と写真入りで証言を積み重ねていけば、今こそオーラルヒストリーをつくることができるのではないかと考えた。「40年以上も昔の話だから、簡単に話してくれるだろう」と、今思えば非常に安直な気持ちで取材に入った。そして、数々の取材拒否に遭遇した。

ある元従業員は、前日までは取材を快諾してくれていた。しかし実際に訪ねると、どうも様子がおかしい。話を聞こうとすると、僕の前で土下座をした。「ここまで来てくれたのに大変申し訳ない。協力したいが今、息子が基地で働いている。家族が米軍に何かされたら困る……」。

取材には応じてくれたものの、印刷直前になって「やっぱり取り下げてほしい」と懇願され、泣く泣くボツにした原稿もある。

この人たちは権利を主張すれば弾圧され、解雇される同僚を目の当たりにしてきた。圧倒的な権力が植え付けた記憶が、今もトゲのように刺さっている。厳然と存在する基地が見えない圧力になり、語ることへの妨げになっていると痛感した。

連載には、第7心理作戦部隊という特殊部隊で働いていた元従業員が登場する。ベトナム戦争中にベトナム現地を混乱させるためばらまいた、偽札の作成に携わった人たちだ。

勇気を出して証言してくれたにもかかわらず、今も時折「家の前に見知らぬ人がいた。どう思うか」などの電話が掛かってくる。「考えすぎだ」と言うのは簡単だが、言いしれ

謀略ビラ 私たちが作った

ベトナム戦争時 元従業員3人証言

基地で働く
軍作業員の戦後

【中部】ベトナム戦争時、沖縄に常駐していた米陸軍第7心理作戦部隊の工場で働いていた元基地従業員3人が22日までに、北ベトナム社会を混乱させる目的で散布していた謀略ビラを「私たちが作っていた」と、沖縄タイムスに証言した。心理作戦部隊の存在は当時、謀略性が強いため米本国内でも極秘扱いされ、米連邦議会も実態を把握していなかった。3人は「作戦の歯車に組み込まれ、戦争に加担してしまった。若い人たちに事実を知ってほしい」と口をそろえる。同部隊の主要任務だった謀略ビラ作製で、元日本人従業員が関与を認めて証言するのは初めて。（磯野直）**＝23面に連載「基地で働く」、22面に関連**

謀略ビラ作りの作業中、米陸軍幹部の視察を受ける宮里信善さん（左）＝年代不明、牧港補給地区（本人提供）

心理作戦部隊は、1958年2月から浦添市の牧港補給地区（キャンプ・キンザー）に駐留。米軍がベトナム戦争へ本格介入した65年10月、第7心理作戦部隊に昇格・強化された。74年6月に解体されるまで、北ベトナムや北朝鮮などの共産圏に対する謀略活動、沖縄統治での宣撫《せんぶ》工作を行っていた。

今回、証言したのは宮里信善さん(64)、高江洲賢治さん(64)、大城良信さん(64)。3人は60年代後半から74年まで、心理作戦部隊の工場だった補給地区内の205号ビルで、北ベトナムに空中から散布するビラの印刷、箱詰めなどに従事していた。現地住民に拾わせるため、偽札仕様のビラも作った。

心理作戦部隊が作ったベトナムの偽札仕様のビラ

心理作戦一端 明らかに

宮里さんは、謀略ビラを印刷するための原版を作る写真製版部にいた。ベトナムの戦場で撮られた残虐な写真を数多く見たため、気持ちが晴れる日はなかったという。「混乱や動揺を引き起こすようなビラを作り、ベトナム戦争に加担してしまった。こんな部隊が沖縄にいたことを、若い人たちに知ってほしい」と話した。

高江洲さんは、印刷部で輪転機の維持・管理と、刷り上がりの点検を行っていた。「仕事とはいえ、謀略ビラを作ってしまったのは消えない事実。もう隠すことではない」と語った。

裁断・箱詰めに携わった大城さんは73年、偽札のビラを職場から持ち出し、匿名で告発した。「かつて沖縄が謀略の拠点に使われ、僕らも作戦に協力した。若いウチナーンチュが、沖縄の未来を考える一助になれば」と期待を込めた。

沖縄の占領統治で、心理作戦部隊は雑誌「守礼の光」「今日の琉球」の編集や、極東放送へのニュース提供などを行っていたことで知られている。

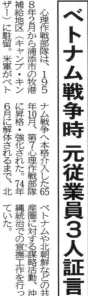

ぬ圧迫感が今も胸に突き刺さっている。これこそが「心理作戦」なのだ。米軍占領は40年以上も前に終わっているのに、「話すことで、報復されたらどうする」という言葉を何度聞いただろう。

また、濃淡の差はあれど、非常に多くの元従業員がベトナム戦争に加担してしまったことへの負い目を口にした。米軍が使う弾薬をメンテナンスしたり、ぐちゃぐちゃに破壊された車両を直して戦地に送り返したりと、「働く」という人間の根源的行為が、ベトナム人の生命を奪うことに直結する場面が多々出てくる。それに携わった人の多くが、4人に1人が亡くなった沖縄戦の体験者だった。

戦争で経済的基盤を徹底的に破壊され、戦前の優良農地はことごとく米軍に接収された。生き残った人々は、肉親や友人を殺した米軍に生活の糧を求めざるを得なかった。

涙しながら話す人、時折、遠くを見つめ、無言になる人もいた。「魂までは売らなかった」と言葉を振り絞る人も。幾重もの矛盾、葛藤、悔恨の情を抱えながら働き続けた。

■証言で明らかにできた米軍の情報機関の実態

沖縄戦で生き残った人たちが自らの体験を証言するまで、半世紀近くの時間が費やされた。語る人たちをみんなで守ろうとする社会ができるまで、それだけの歳月がかかったからだ。しかし、基地労働については今も基地が存在し、沖縄社会の隅々に巣くっている。当事者が安心して語れる社会になっていないのが現状だ。

それでも取材班は「話を聞けるのは、今しかない」という思いで人探しに走り、説得を試みた。毎週3回、沖縄タイムスを開けば元従業員の話が載っている。続けていると、徐々に取材に応じてくれる人が増え始めた。1つの証言が新たな証言を生み、連載は12年4月9日から13年6月25日まで1年3カ月続き、計139回、83人に登場してもらった。

職種は弾薬庫や兵たんなど、戦争遂行に直接関わる部門のほか、出兵前夜の明らかに精神状態のおかしい米兵と向き合ったバーテンダーや理容師、メードやバス運転手などのサービス業まで、多岐にわたった。

連載の過程で、それまで謎の存在だった前述の第7心理作戦部隊、米中央情報局（CIA）のアジア最大の拠点CSG（キャンプ知念）や、CIAの盗聴拠点FBIS（瀬名波通信施設）の実態も、元従業員の証言で明らかにすることができた。「次の世代に、自分たちが何をしたのかを伝えたい」という思いを、取材班はしっかりと受けとめたつもりだ。

13年12月6日、特定秘密保護法が成立した。2週間後、有志が開いてくれた『基地で働く』の出版記念と、ある賞を受賞したことの祝賀会で、元従業員の水島満久さん（67）が現在の組合である全駐留軍労働組合（全駐労）の幹部を前にこんなあいさつをした。

「自分たちの時代は、米軍の意に沿わないことをしても解雇で済んだ。秘密保護法で真っ先にターゲットにされるのは基地従業員だ。解雇どころか手錠を掛けられ、牢屋にぶち込まれ、人生めちゃくちゃにされる。組合に、その覚悟があるのか」

水島さんが浦添市の牧港補給地区で働いていた1975年、猛毒の六価クロムを含む洗浄剤が海に流出する事件が起きた。米軍は事実を隠ぺいしようとしたが、水島さんは洗浄剤を4本の瓶に入れて仲間と持ち出し、猛毒物質の存在を内部告発した。

元従業員の多くが秘密保護法や集団的自衛権、憲法改悪など、安倍政権の目指す国家主義の行き着く先に、米軍占領下よりひどい時代が来ることを危惧している。特に「安全保障の根幹に関わる」現場にいる現役の基地従業員に、特別な圧力が掛かるのは火を見るより明らかだろう。

連載で徹底的に実名と写真入りにこだわったのは、「匿名でないと話せない社会」を断ち切りたかったからだ。体験者が再び語れなくなったり、証言者が匿名だらけになったりする時代の到来を許してはいけないと、強く思う。

1人も死んでほしくない、1秒でも戦闘を遅らせたいという思いで、下地勝博さん(68)はベトナム行きの物資を壊して梱包した。ガードの外間裕さん(72)は受け身の警備に徹し、米軍に心まで服従することを拒否した。山城文子さん(82)は退職後、枯れ葉剤散布の被害者「ベトちゃんとドクちゃん」をベトナムに訪ね、お金を届けた。赤嶺時子さん(71)ら7人の女性は解雇後、「人殺しの手伝いではなく、命を育む仕事をしたい」との一念で保育園を立ち上げた。

貧困と良心のはざまで葛藤しつつ働き、抗った先人たちがいる。近い将来、今の基地従業員たちが「あの時、オスプレイ配備に加担してしまった」「名護市辺野古への新基地建設に協力してしまった」などと、悔やむ言葉は聞きたくない。

「市民への監視」を監視するために　自衛隊・情報保全隊取材から

佐藤大介（共同通信経済部）

■野放しになっている一般市民への監視活動

秘密保護法では、防衛や外交の秘密を漏らした公務員らの罰則が強化された。政府は「重大な情報漏えいの可能性が増大している」と立法化の必要性を強調するが、何を「特定秘密」とするかの範囲はあいまいで、行政側の裁量に委ねられている。「外交」「防衛」「安全脅威活動の防止」「テロ活動防止」といった分野で、秘匿の要件が高いものが「特定秘密」とされるが、解釈の幅が広く、一般市民に対して必要な情報さえも秘匿する手段にされるとの懸念はぬぐえない。

だが、政府が情報漏えいの防止に腐心する一方で、情報機関による一般市民への監視活動は野放しとなっている。それどころか、防衛や外交にかかわる「特定秘密」を盾に、そうした活動はよりベールに包まれる可能性が高い。その一端を示しているのが、自衛隊の情報組織「自衛隊情報保全隊」の活動だ。

情報保全隊は、自衛隊が持つ秘密情報を守るために編成された防衛相直轄の部隊だ。約1000人の要員を抱え、隊員が外部の不審者と接触していないかどうかの調査や、自衛隊への攻撃に対して事前に情報収集することなどを任務としている。自衛隊内部の秩序維持や刑事事件処理を担当する警務隊とは異なり、強制捜査の権限はないのも特徴だ。

■仕事の大半を占める反自衛隊活動を行なう団体や個人の監視

情報保全隊は、活動内容の詳細を「週報」という内部文書にまとめている。「週報」には、平和を掲げた市民集会の参加人数、発言内容のほか、自衛隊や在日米軍に批判的な団体・個人の活動への監視結果が詳細に報告されている。情報保全隊の任務は防衛相訓令で自衛隊の秘密情報漏えいを防ぐことと定められており、「週報」の内容は、任務を逸脱した「監視活動」の実態を記したことになる。

実際、情報保全隊はどのような活動を行なっていたのか。調査報道を行なう特別報道室に在籍していたとき、過去に幹部として勤務した経験のある男性に直接取材をした。元情報保全隊員が、実際の活動内容についてインタビューに答えるのは、極めて異例のことだった。

男性は「自衛隊員の思想や家族関係を調査し、情報漏えいを防ぐのが本来の任務だが、実際には反自衛隊活動を行なう団体や個人の監視が仕事の大半を占めた」と言い切る。「反自衛隊活動」とは、との問いには「一番わかりやすいのが、極左集団や共産党、社民党とかの政党、平和団体、反戦団体、反戦活動家、反戦自衛官。基本的に自衛隊の行動に反対していることが理由になるが、米軍基地への反対活動なども対象となる」と説明した。

一度、監視対象者となれば解除されることはなく、集会終了後などに尾行し、自宅や立ち寄り先を割り出すこともあったという。集めた情報はファイリングされ、情報保全隊内のロッカーに保存されるとともに、データベース化され、いつでも引き出せる状態にされていた。

「情報はロッカーや書庫に保管している。見た目は普通のファイル。共産党であれば、日本共産党という棚があるんです。P系とかS系とか書いている。P系、S系というのは部隊全体の隠語。Pはパーティー（党）の意味。社民党は社会党からS系。住所や個人名などが分かっていれば、個人名でもファイリングしましたし、写真も撮っていれば添付していました」

男性にとって「反自衛隊活動」を行なう人たちは「全員が敵」という意識だったという。こうした人たちの発言を記録し、集会に潜入し、顔写真を撮影し、次々とデータベース化していく。そうした活動を「正しいことをやっていると思っていたので、あまり疑問を持つことはなかった」という。

■憲法違反の情報保全隊の活動

だが、ある日、上司が「情報保全隊は憲法違反をしている。なぜなら宗教団体を監視しているからだ」と漏らしたことがあった。「憲法を守るという宣誓どおりに仕事をしていたはずなのに、逆のことをしていたのかと思いました。自分たちのやっていた監視活動は、憲法違反だったんじゃないかと」。周囲を警戒するように常に視線を前に向けていた男性は、この時だけは視線を落とし、表情を曇らせた。

反基地運動など、平和を求める市民の活動も「自衛隊の任務遂行に支障を及ぼす可能性のある活動」とし、監視と情報収集の対象になってしまうことには、強い違和感を覚えざるを得ない。自衛隊側は、情報保全隊の活動をめぐる裁判で、情報収集の対象となる判断基準について明示することを避けており、自衛隊内部で恣意的な運用が図られかねないことを浮き彫りにした。

秘密保護法によって、取材に応じた元隊員のように、情報保全隊の活動に疑問を感じた内部告発者は、自衛隊という防衛上の「特定秘密」を漏らしたとして、法の網をかぶせられる可能性が高い。実際の法律運用以前に、内部告発をしようとする者への威嚇効果は十分だ。そのことは、一般市民を監視対象とする情報保全隊の活動について、メディアがチェックすることを、法律の名の下で妨害することを意味する。

安倍政権下では、秘密保護法をはじめ、外交・安全保障政策の司令塔となる日本版「国家安全保障会議（ＮＳＣ）」の発足と事務局「国家安全保障局（安保局）」の設置、集団的自衛権の行使を容認する憲法解釈変更など「安全保障政策」のオンパレードとなっている。そうした中で、一般市民の「知る権利」はどこまで守られるのか。メディアの厳しい視線が不可欠なことは、自衛隊内部の情報機関の暴走ぶりが、如実に物語っている。

【実際の配信記事】２０１２年12月３日

▽インタビュー
反自衛隊活動監視が大半
元保全隊員との一問一答

自衛隊・情報保全隊の活動について、東日本の同隊で幹部として勤務した経験がある男性が、同隊に所属していたことを示す書類を示した上で共同通信のインタビューに応じた。一問一答は次の通り。

―隊の構成は。

「情報収集を行う調査班と分析を行う情報班に分かれる。自衛隊員の思想や家族関係を調査し、情報漏えいを防ぐのが本来の任務だが、実際には反自衛隊活動を行う団体や個人の監視が仕事の大半を占める」

―反自衛隊活動とは。

「防衛省の施策や自衛隊の活動に反対することで、米軍への反対活動も含まれる。基地や駐屯地前で活動を行えば、すぐに監視対象になる」

―監視の方法は。

「雑誌や機関紙などで集会の予定を把握し、直接出向いて主張をチェックするほか、写真やビデオを撮影して参加者を把握する。尾行をすることもある。自衛隊ＯＢや右派、宗教団体についても自衛隊に批判的な言動があれば、その影響力は大きいだけに監視対象となる。１日に少なくとも10件以上の報告書が情報保全隊本部や各方面隊に寄せられていた」

―集めた情報はどうするのか。

「ファイリングしてロッカーや書庫に保管され、データベース化される。毎週の動きは『週報』にまとめて配布され、内部で情報を共有した」

―活動に疑問は感じなかったか。

「反自衛隊活動を行う人は全員が敵という意識で、当時はあまり疑問を感じず、正しいことをやっていると思っていた。しかし、今考えると、まさに市民監視で、非常に政治的な要素が強く、監視の対象は無限に広がりかねない。現在も、首相官邸前などの反原発デモも監視している可能性が高いと思う」

▽併用記事

一般参加の集会も監視
主催者「気付かなかった」

今回、明らかにされた内部資料「週報」からは、自衛隊情報保全隊の監視対象が自衛隊に批判的な政党の行事などにとどまらず、平和や防衛問題をテーマにした一般の人々も参加する集会や講演会にも向けられていたことがうかがえる。

「週報」に記載のある、２０１０年12月に札幌市で開かれた「武力で平和はつくれない　12・８北海道集会」。当日は会場に受付を設置したが、名前や所属を書かなくても入場は可能だったという。

主催した労組などでつくる「北海道平和運動フォーラム」の長田秀樹事務局長は「防衛問題について学ぼうと広く呼びかけた会だった。監視されていたことは全く気付かなかった」と憤った。

この集会があった日は太平洋戦争開戦日で、「週報」には「12・8開戦記念日関連動向」として秋田市、名古屋市、神戸市など全国13カ所で行われた市民団体の行動も詳述。『『日米共同訓練反対』『自衛隊の海外派遣反対』等を主張していることが認められたことから、引き続き注目する」などの「所見」も盛り込まれていた。

現在進行形の調査報道にも支障が　政治家・官僚への取材から

坂本信博（西日本新聞社会部）

■重要になる「現在進行形の調査報道」

新聞記者になって15年。毎朝、６、７紙の新聞を読み比べ続けてきた。政治課題について、各紙の論調に違いがあるのは当然だが、安倍晋三政権の今ほど、さまざまなテーマで各紙の賛否が割れる時を私は知らない。

秘密保護法はもちろん、首相の靖国神社参拝、原発の再稼働。そして、２０１４年７月１日に憲法９条の解釈変更が閣議決定された集団的自衛権をめぐる問題もそうだ。国民の意見が割れる課題こそ、政策決定の過程や政治的決断の舞台裏をできる限りリアルタイムで取材し、物事が決まってしまう前に読者に判断材料として伝える「現在進行形の調査報道」が重要になると私は思う。

憲法9条が禁じてきた集団的自衛権の行使をめぐって、自民、公明両党の「安全保障法制整備に関する与党協議会」は2014年5月20日〜7月1日の計11回、わずか13時間程度の非公開の論議で、「限定容認」する閣議決定案に合意した。

当時、西日本新聞東京支社報道部で与党と首相官邸の取材を担当していた私は、東京政治取材班の宮崎昌治キャップ、安部鉄也記者、山口卓記者、長田周三記者、小野浩志記者、金子渡記者とともに、政府、与党関係者への取材を重ねた。

取材班は、そのなかでつかんだ関係者の証言や内部文書をもとに、集団的自衛権行使容認が宿願の安倍晋三首相や周辺の狙い、行使容認に反対だった公明党との水面下の攻防や「落としどころ」を探る動きを、随時、独自ダネとして掲載してきた。（以下は主な記事。いずれも2014年）

菅義偉官房長官が、公明党の支持母体である創価学会の幹部に接触を重ねていることを明らかにした「集団的自衛権、官邸VS公明／菅氏密かに学会攻略」（4月5日付朝刊1面）。

政府、与党内で憲法解釈変更の閣議決定を見送る案が浮上していることを伝えた「解釈改憲見送り案浮上／政府内　関連法改正で対応／首相周辺は反発」（4月19日付朝刊1面）。

政府が与党協議に諮る事例の全容を独自に入手した「臨検、機雷除去盛る／政府の事例集判明」（5月10日付朝刊1面）。

安倍首相が密かに自民党の高村正彦副総裁に「今国会中に絶対やる」と明言し、公明党

「新3要件」公明が原案

自民案装い 落としどころ

集団的自衛権を追う

安倍晋三首相と公明党の山口那津男代表は19日、官邸で約1時間会談し、集団的自衛権の行使を容認する憲法解釈変更の閣議決定について、22日に会期末を迎える今国会中は断念し、国会閉会後も与党協議を継続することで一致した。山口氏は「党の議論でもいろんな意見が出ている」と意見集約に配慮を求めたが、政府、自民党は月内か7月初旬に閣議決定する構えだ。

集団的自衛権の行使を可能とする憲法解釈変更の閣議決定は、19日に行われた安倍晋三首相と公明党の山口那津男代表の党首会談で最終局面に入った。

解釈改憲の核心は、自民党の高村正彦副総裁が提案した自衛権行使の「新3要件案」だ。特に「他国に対する武力攻撃が発生し、これにより国民の生命、自由および幸福追求の権利が根底から覆される恐れがある」という集団的自衛権行使に絡む文言をめぐり、自公間で調整が続く。

だが、実はその原案は、公明党の北側一雄副代表が内閣法制局に作らせ、高村氏に渡したものだった。解釈改憲に反対する公明党が、事実上、新3要件案の「下書き」を用意したのだ。

「私が考える新3要件というものの、たたき台を作ってみました」

法制局に作成を指示

13日の安全保障法制整備に関する第6回与党協議会で高村氏が突如A4サイズの紙を配った。「集団的自衛権の行使はできない」と結論付けた1972年の政府見解の一部を引用し、行使を認める逆の結論を導き出す私案だった。

「この紙を見たのは初めてだ」。協議会後に北側氏は明言した。だが、事実は違う。

政府関係者によると、その数日前に公明党執行部がひそかに集合。解釈改憲で対立する首相と山口氏の「落としどころ」を探るためだった。連立維持を優先させ、解釈改憲を受け入れる政治決断の場でもあった。

山口氏が「憲法解釈の一番のベースになっている」と尊重してきた72年見解を採用する形で、限定容認と読み取れる原案を内閣法制局に作成させる。北側氏がそれを指示していた。

原案に自公協議の焦点となる「恐れ」があったかどうかは分からない。しかし、自民党関係者は言い切る。

「新3要件は自公の『合作』だ」

3面に続く

党首会談 解釈改憲 協議継続で一致

山口氏によると、会談で首相は「与党協議をしっかりお願いしたい」と発言。山口氏は記者団に「閉会後も与党で議論していくことを確認した」と述べた。

これに先立ち、山口氏は党中央幹事会で「最後の議論を充実させたい」と話し、党内論議が最終局面に入っているとの認識を示した。井上義久幹事長は「どこかの時点で結論を出さないといけないし、集約するときは集約したい」と述べ、閣議決定案の意見集約に取り組む考えを表明した。

与党協議の責任者である自民党の高村正彦副総裁と公明党の北側一雄副代表も19日、東京都内のホテルで会談。北側氏は党内に異論があることを説明し「そちらも大変だろうが、うちはもっと大変だから静かに見守ってほしい」と伝えた。

政府、自民党は、戦闘状態にある海上交通路（シーレーン）での機雷除去を、集団的自衛権の行使だけでなく、国連決議に基づく集団安全保障としても可能にしたい考え。閣議決定案に明記するよう求める意見があるが、従来の憲法解釈を大きく転換することになるため公明党は反発している。

2014年6月20日付 西日本新聞朝刊1面

との協議を急ぐよう指示していた事実を書いた「解釈改憲の閣議決定／首相『今国会で』再び指示」（5月27日付朝刊1面）。

安倍首相や歴代政権が踏襲してきた憲法解釈の変更を明記する方針を固めたことを報じた「『解釈改憲』明記へ／首相指示　集団的自衛権も／閣議決定案」（6月11日付朝刊1面）。

他の報道機関に先駆けて閣議決定原案の全文を入手し、詳細に記事化した「集団的自衛権明記、行使を容認／閣議決定案の全文判明　政府提示」（6月18日付朝刊1面）。

高村氏が与党協議会に提案した自衛権行使の「新3要件案」は、公明党の北側一雄副代表が原案を内閣法制局に作らせ、高村氏に渡したものだったことを暴露した「『新3要件』公明が原案／自民案装い　落としどころ」（6月20日付朝刊1面）。

首相官邸が行使容認に向けて強硬姿勢を強めるなか、読者はもとより、与野党の国会議員や官僚たちに「このままで本当にいいのか」と問いたい。それが取材班7人の共通の思いだった。

■取材対象者に萎縮効果をもたらす秘密保護法

2014年12月に施行された秘密保護法は、防衛、外交、スパイ防止、テロ防止に関する政府の情報のうち「我が国の安全保障に著しい支障を与えるおそれがある」ものを、閣僚ら行政機関の長が特定秘密に指定し、漏らした公務員らに厳罰を科す。「何が秘密かも秘密」とされ、今回、われわれ取材班が入手した情報のうち、特定秘密の対象となり得るものがあるのかどうかは定かではない。

ただ、確かに言えるのは、この法律がわれわれの取材対象者に萎縮効果をもたらすことだ。集団的自衛権をめぐる取材班の一連の報道も、関係者の証言や非公開情報の提供がなければ書けなかったものばかりだ。

２００５年４月に全面施行された個人情報保護法は、報道目的で取得する個人情報は適用除外と明記している。ところが、警察や医療機関、役所への取材で「個人情報ですから」と関係者の氏名などの情報提供を拒まれる事例が激増した。その状況は今なお続いている。

秘密保護法が公布された２０１３年末のことだ。政治家への夜回り取材の際、お目当ての議員が既に帰宅したかどうかをそれまで毎日教えてくれていた議員宿舎の職員が真顔で言った。「これって特定秘密なんじゃないの」。

秘密保護法は施行されていないし、政治家が宿舎にいるかどうかが特定秘密に当たるわけもないが、萎縮効果が早くも生まれていると痛感した。

秘密保護法では、報道機関による通常の取材行為は処罰対象とならないとされているが、まったく安心できない。

秘密保護法案の国会審議でも、報道機関が秘密を報じた場合の捜査機関の対応を問われた森まさこ担当相（当時）は「報道機関にガサ入れ（家宅捜索）することはない」と答弁し、他の政府関係者は違う見解を示すなど、あいまいなままだった。結局は当局の判断に委ねられることになり、危うい。

また、特定秘密の指定期間は原則5年以内。延長を認める規定があり、内閣が承認すれば一部は60年以上も許される。「特定秘密」のベールに包まれれば、現在進行形の調査報道はますます困難になる。

■政治家や官僚たちの仕事をしやすくするブラックホール

秘密保護法の本質の一つは「政権中枢の政治家や官僚たちが自分たちの仕事をしやすくするために作ったブラックホール」だと私は考えている。

２００８〜09年に当時の自公政権が政府内部に設けた秘密保全法制の在り方に関する検討チームの資料を見たことがある。計４８０枚。国語辞典ほどの分厚い紙の束は、秘密保護法の「源流」とされる。チームの官僚たちが何を話し合っていたのかが記されているはずだが、情報公開請求で開示された文書は「公にすると国の安全が害される恐れがある」として、ほとんどが黒く塗りつぶされ、発言内容は確認できなかった。

２０１０年に尖閣諸島沖で発生した中国漁船衝突の映像流出事件を受け、民主党政権が２０１１年に設置した秘密保全のための法制の在り方に関する有識者会議の議事録に至っては、開示請求への政府側の回答は「文書は存在しない」だった。

政府側は公開対象となる議事録を作成せず、発言者名や発言内容をメモで記録していたのだ。

メモには保存義務がなく、「廃棄済み」。内閣府の情報公開・個人情報保護審査会も「メモは個人的なもので行政文書ではなく、廃棄しても問題ない」と追認した。

秘密保護法の前身とされ、安全保障や外交に関わる国の重要情報を行政機関が秘密指定する「特別管理秘密」（特管秘）制度でも、制度が始まった２００９年以降、２０１３年上半期（６月末）までに保存期間が満了した特管秘３万６３１８件（防衛秘密などを除く）が全て廃棄されていたことが西日本新聞の取材で分かっている。

官庁には、自分たちにとって不都合な情報や、検討段階での情報はできるだけ表に出したくないという体質がある。国民には「知る権利」があり、報道機関には手遅れになる前に「知らせる義務」があると私は思う。現在進行形の調査報道にこれからも挑みたい。

気象情報を「特定秘密」にしないために　気象庁への取材から

宇佐見昭彦（東京新聞社会部）

■米軍機による台風観測が再開

たいそうな軍事機密に触れたつもりはない。それはごく日常的な気象取材だった。

２００３年の秋のことだ。廃止されて久しい「米軍機による台風の直接観測」が、なぜか再開されたらしいという噂を耳にした。

かつて米軍が軍用機を台風の中に突っ込ませて、その正確な位置や中心気圧、風速などを直接観測していたことは周知の事実だ。

ところが、上空３万６０００キロの宇宙空間に浮かぶ気象衛星の登場で、そんな危険な観測をしなくても台風の様子が手に取るように分かる時代になった。

米軍機による台風観測が廃止されて約15年。今ここで再開されたのなら、面白い。気象庁内で取材すると、噂は本当だった。観測データは気象庁にも提供されていた。

気象庁の担当職員は、米軍機による台風観測の再開について「理由は聞いていない」としつつ「衛星があっても、こういうデータはありがたい」と、私の取材に答えた。特に内密のやりとりでも何でもない。昼間の庁内の事務机の前で、ほかの職員も周りに大勢いる中での普通の取材の1コマである。

なぜ危険な観測をあえて再開したのか知りたい。日本語で取材できればありがたいと思い、在日米軍横田基地の広報担当に聞くと「分からないので、グアム基地に聞いてほしい」と言う。聞き出したグアム基地の担当少尉の名前とメールアドレスを頼りに、慣れない英語の電子メールで、米軍機が台風観測を再開した理由を問い合わせた。

ほどなく返信メールが届いた。和訳すると「台風によるリスク軽減のために、正確な気象情報の必要性が高まった」などと書かれている。抽象的な理由ではあるが、これを原稿の末尾に添えて記事を書いた。もっと踏み込んだ理由については、専門家の推測という形で、「前年にグアム島が台風で大きな被害に遭ったから？」「何か新しい（観測用の）機器を試すため？」「ひまわり5号の老朽化、後継機の打ち上げ失敗や製作遅れと、綱渡りが続く気象衛星の状況を米国が危ぐした？」などと、いくつかの見方を提示した。

記事は、２００３年10月25日付『東京新聞』社会面に「渦巻く憶測、米軍機が台風観測再開」「ひまわり後継難配慮？」「気象庁、理由ともかく『歓迎』」との見出しで掲載された。

後日、軽い驚きを覚えたのは、あのとき普通に取材に答えてくれた気象庁の担当職員が、別の機会に私と顔を合わせた折に「米軍は台風観測を再開していません」と、事実関係を完全否定したことだった。私は、再開された観測がその後どう役立っているか知りたかったのだが、「再開していません」という答えが繰り返されるだけだった。

もちろん記事への抗議や訂正要求はない。そもそも、当の米軍が観測再開をあっさり認めている。ただ、気象庁職員としては今後、その件での記者とのやりとりはできないという拒絶の意味として、私は受け取った。大きく新聞に出てしまったので「余計なことを新聞記者に話すな」という力が職員に働いたのだろう、ぐらいに思っていた。

■機微に触れる情報は秘密のベールに

秘密保護法が成立して、10年余り前のこの取材の一件を思い出した。

米軍絡みの情報は、おそらく、これまで以上に秘密のベールに覆い隠されるだろう。今後は、この程度の記事を書くだけでも、公務員の萎縮効果などで、取材に相当の苦労を要するかもしれない。

米軍関連だけでなく、防衛や安全に少しでもかかわる情報は、大本営発表的なものを除けば、ともすると安易に、ことなかれ主義的に秘匿される方向へ流されるのではないか。

気象、地震、火山などの自然災害や防災にかかわる情報も、それが機微に触れる情報であれば（機微に触れると権力者が判断すれば、もしくは機微に触れるのではないかと現場の公務員が思えば）、公式に発表された内容以外は秘密のベールの中に追いやられる可能性が否定できない。

法に基づく秘密指定が実際にされていようが、されていまいが関係ない。公務員が「もしや……」「ひょっとして……」などと一瞬思うだけで、その情報は容易に出てこなくなるのだ。

あえて付言すれば、原発事故の際も、気象情報は極めて重要だ。放射能汚染の広がり方は、風向きや雨の降り方に大きく左右される。福島第一原発の事故直後には、文部科学省のＳＰＥＥＤＩ（緊急時迅速放射能影響予測ネットワークシステム）のデータが伏せられるということが、すでに起きている。

■戦争をする国は気象情報を隠す

もともと気象情報には「軍事情報」の側面がある。時には軍事情報そのものかもしれない。おぞましいことだが、多くの人命を奪う空襲であれ、毒ガス散布であれ、その作戦行動に天気や風向きなどの気象データが絶対不可欠だからだ。

だから、戦争をする国は気象情報を統制する。日本でも太平洋戦争の開戦から敗戦まで、気象報道管制が敷かれ、日々の天気図や天気予報などが新聞やラジオから完全に姿を消した。

中央気象台（現・気象庁）による全国各地の気象観測や予報の業務そのものは、戦争中も暗号を使って続けられていた。けれど、国民には伏せられた。気象情報は軍事機密としてのみ存在し、戦争遂行の道具としてのみ使われたのだ。

同じようなことは現代の世の中でも起きている。

世界気象機関（ＷＭＯ、国連の専門機関の一つ）の定めで、各国は自国内の主要地点の気象観測データを公開し、世界中で情報を共有することになっている。しかし、フセイン政権下のイラクからは、１９９０年8月1日を最後に、気象データが出てこなくなった。その翌日、イラク軍がクウェートに侵攻した。占領されたクウェートの気象データも途絶した。

１９９1年1月17日、今度は米軍が駐留していたサウジアラビアの気象データが出てこなくなった。この日、米国などの多国籍軍がイラク攻撃を開始し、湾岸戦争が勃発。その後、シリアやトルコなど、周辺の中東諸国の気象データも途絶えがちになった。

イラクの気象データの「空白」はその後、長年にわたった。２００３年のイラク戦争でフセイン政権が打倒され、２００4年に米国主導の連合国暫定当局（ＣＰＡ）からイラク人による暫定政府へ主権移譲されても、なお空白が続いたのである。

１９９0年代の旧ユーゴスラビア内戦でも、同様な気象データの空白が生じた。

国家の意図的な気象情報秘匿だけでなく、観測業務や施設への戦乱による物理的・経済的打撃もあるだろう。戦争の当事国だけでなく、周辺諸国の気象データまで入手困難になるのは、通信事情の悪化も影響していると思われる。

だが、いずれにしても、気象情報が秘密にされたり、普通に入手できなくなったりしたら、それはすなわち戦争、もしくは戦争準備なのであり、そんな時代は暗黒なのだ。

気象だけではない。日本で戦時中に起きた１９４４年の東南海地震や１９４５年の三河地震など、大地震による被害状況すら、軍機保護法によって秘密扱いされ、国民には隠された。

■お天気は平和のシンボル

戦後の新聞が「戦争のために二度とペンを、カメラをとらない。戦争のために輪転機は回さない」と誓って再出発したように、気象庁で働く人たちには「お天気は平和のシンボル」との思いがある。

それは「だれでも気象情報を普通に手にすることができる平和な世の中を守らなければならない」「二度と、戦争のために気象情報が秘密にされるような世の中にしてはいけない」という誓いである。

世論の反対を押し切って制定された秘密保護法が、今ただちに私たちから気象情報を根こそぎ奪うとは思わない。しかし、情報は私たち市民、主権者のものであって、一部の権力者のものではないという本義に立ち返れば、舵は確実に悪いほうに切られている。記者たちが不断の努力を続けなければ、「いつか来た道」となりかねない。

「ブラックボックス化」進む警察　情報公開制度を駆使した取材から

日下部聡（毎日新聞大阪本社社会部）

■ひっそりと配備された顔認証装置

雑踏や群衆から、特定の人物を瞬時に見つけ出すことのできる顔認証装置が２０１３年度、警視庁と茨城、群馬、岐阜、福岡の各県警に1台ずつ計5台、ひっそりと配備された。「可搬型人物画像検出照合装置」と呼ばれるこの装置は、要は顔認証ソフトを組み込んだノート型パソコンだ。ビデオカメラなどを接続すると、その映像中の人物の顔と、あらかじめデータベースに登録した顔写真データを照合し、一致したら警告音やポップアップ表示で知らせる。リアルタイムの映像だけでなく、録画映像にも応用できる。

人が集まる場所で容疑者を探したり、街頭や店舗などの防犯カメラシステムに接続し、その場で映像を解析したりという使い方を想定しているとみられる。

問題は、どんなデータベースと照合するかだ。警察庁は組織犯罪捜査が目的と説明する。しかし、目的外使用に歯止めをかける仕組みはない。警察には約８０００万人分の運転免許証の顔写真がある。対象が際限なく広がっていく危うさをはらんでいる。

こうした事実について、14年２月27日の朝刊で報じた。

秘密を暴いたわけではない。警察庁のウェブサイトにも他省庁と同様、物品調達の入札公告が載る。その中に1行「可搬型人物画像検出照合装置　５式」と書かれていた。

これを足がかりに、業者に提示される説明書を情報公開請求したところ、10人以上を同時に検知できる▽サングラスやマスク姿も検知できる▽被写体の動きを追跡できる▽10万件のデータベースと1秒以内に照合できる――など、詳細な仕様が記された文書が開示された。記事はこのような公開情報をベースにしたものだ。

しかし、この装置がテロ防止目的という位置づけだったら、と考えると一抹の不安が残る。秘密保護法は「テロリズムの防止に関する事項」を特定秘密の対象分野とし、それに関する情報の「収集整理又はその能力」を秘密指定の項目として掲げている。

予算の使途に関する情報の開示は、納税者である国民に対する政府の義務といえる。公平な入札のためにも欠かせない。その部分にまで秘密の網がかかることはないと信じたいが、もしそんなことが行なわれるようになれば、民主主義国家としての土台が掘り崩される。

■黒塗りは「広めに塗っておいたほうが安心だ」という発想

日本政府の情報公開は曲がりなりにも進んできた。しかし、各省庁とも積極的に説明しようという姿勢にはなお遠い。ウェブサイトのどこにあるのか皆目分からず、電話で問い合わせてようやく在りかが分かる「公表資料」も少なくない。官僚たちはどこかで「大衆に余計な口出しをされたくない」と思っていないだろうか。

実際、そのような趣旨のことが情報公開法に書かれている。

特定秘密保護法の法案作成過程を情報公開請求で明らかにできないかと考え、13年春に関係省庁に情報公開請求した。しかし、最初に開示された文書は、法案の内容に触れた部分はすべて非開示。1ページ全部が真っ黒に塗りつぶされた文書も多かった。その理由の一つは「公にすることにより、国民の間に未成熟な情報に基づく混乱を不当に生じさせる恐れがある」だった。

これは情報公開法に定められた不開示理由の一つで、どんな法案でも閣議決定前は同じ扱いがなされている。秘密保護法案だからではないのだ。いかにも「上から目線」なこの条文は、民主党政権が11年4月に提出した情報公開法改正案では削除された。しかし、12年11月の衆院解散で廃案となり、条文は今も残ったままだ。

黒塗り作業の多くは課長補佐クラスの中堅官僚が担うという。「リスクを冒してまで黒塗りの範囲を狭めることはしない。余計なことをすれば、後で上にいろいろ言われるから、どうしても『広めに塗っておいたほうが安心だ』という発想になる」と、ある元官僚は明かす。

こうした「文化」の根を張る組織が秘密保護法を運用すれば、迷うケースは「特定秘密にしておいたほうが安心だ」ということになりはしないだろうか。

■格段に厳しくなった警察の情報管理

もう一つの気がかりは、この20年で警察の情報管理が格段に厳しくなったことだ。

私は93年に記者になり、02年までの間に通算5年半、埼玉県警と警視庁を担当した。新人として警察署回りをしていた頃は、留置場以外のほとんどの部屋に入れた。刑事部屋にいると、手錠をかけられた容疑者が目の前を通ったり、捜査員がこっそり書類を見せてくれたりもした。自殺遺体の見分を見せてもらったこともある。捜査現場の「空気」を体感することができた。

ところが近年は、捜査員のいる部屋への記者の立ち入りは禁じられ、記者に対応するのは原則として副署長のみ。事件・事故現場の規制も厳しくなった。全国的な傾向だ。警察の「ブラックボックス化」が進んでいる気がしてならない。

秘密保護法が従来の秘密保護法制と大きく違うのは、「テロ防止」に絡んで警察の関与が大きくなった点だ。ただでさえ情報統制を強める組織に、厳罰を伴う秘密保護法が加われば、警察官たちの口は、さらに重くなるだろう。ブラックボックスの肥大がさらに進みそうで心配だ。

95年の取材メモを引っ張り出してみた。オウム真理教による事件の捜査を検証する記事のため、埼玉県警の公安担当幹部に話を聞いていた。

「例のマンションの部屋を密かに監視していたら、隣の部屋に背広の男2人が入っていった。どう見ても警察官ふう。『誰だ』と騒ぎになった。警視庁だったよ。慌てて警察庁に掛け合って、引いてもらった……」

先に県警が見つけた容疑者の潜伏先を、警視庁も独自に突き止め、現場で捜査が競合したという裏話だった。苦笑いしながら語る幹部の顔を思い出した。

オウム事件のような国内テロに関する情報も、法的には特定秘密に指定可能だ。実際に指定されるかどうかに関係なく、「テロ」という言葉がついただけで、こういう事後的な取材にすら、警戒して口を閉ざす警察官が増えはしないかと憂慮している。

秘密保護法を監視できるかどうかはメディアの覚悟次第

公安警察への取材から

青木理（ジャーナリスト・元共同通信記者）／取材・構成　日比野敏陽

秘密保護法の施行によって新聞記者の活動はどのような影響をうけるのだろうか。共同通信記者時代に『日本の公安警察』（講談社現代新書）を出版し、現在はフリージャーナリストとして活躍する青木理さんに聞いた。

■治安立法の色合いが強い秘密保護法

――青木さんの『日本の公安警察』は、ベールに包まれていた公安警察の内部に迫っていて、新聞記者にとっては、目指すべき金字塔ともいえる本だと思います。秘密保護法が施行された後、このような本を書くことはできると思いますか。

青木　もう書けないかもしれません。二つの意味でかなり難しくなると思っています。秘密保護法は、公安警察の影響下にある内閣情報調査室（以下「内調」）が主導して作った法律です。法案審議の段階では「同盟国などから機密情報の提供を受けるために情報保全の法律が必要」と語られ、それはそれで嘘ではないんだろうけれど、実際には警察が主役の治安立法的な色彩が強いものになっています。

特定秘密に指定する対象分野は外交と防衛、テロ防止、スパイ防止に関する情報の4つです。実に半分を公安警察がハンドリングし、実際に漏えいした場合の捜査も公安警察が担う。公安警察の活動範囲と権益が極度に広がります。簡単にいえば「公安警察による公安警察のための法律」になっている。

僕は最初から『日本の公安警察』を書くつもりで公安担当になったわけではなかったけれど、ちょうどオウム真理教事件があった1995年ごろに取材し、そのすさまじい内実をつぶさに観察しました。また、公安警察は知られているようで実態はあまり知られていない。これはきちんと記録し、伝えたほうがいいだろうと思ったわけです。

あの本には「サクラ」とか「チヨダ」という隠語を冠された公安警察組織の秘密組織が登場します。じつは公安担当の記者なら、よほどのボンクラでない限り、存在は誰でも知っている。それが書かれてこなかったことが問題だと僕は思うんだけれど、こうした組織が何をやっているのか、「協力者」という名のスパイ獲得作業などはどのように行なわれているのか、公安内部でさまざまな当局者に取材していくと、ぽつりぽつりと話してくれる人もいる。中には、スパイ獲得のマニュアルを見せてくれた人もいたし、自身が行なった作業の内幕を明かしてくれる人もいました。

――秘密保護法が施行されるとこうした接触はかなり難しくなりますね。

青木　ええ。そこが一つ目の理由です。公安警察の活動に関する内部情報は、いずれも特定秘密保護法がうたいあげているテロ防止、あるいはスパイ防止に直接かかわる情報になりますから、かなりの部分が特定秘密に指定されてしまっても不思議ではない。公安警察が「危険だ」と睨んだ団体の内部や周辺にスパイを獲得し、情報収集する作業は公安警察が日常的にやってきたけれど、これこそまさにテロやゲリラ、あるいはスパイ活動を防止するためという名目で密かに行なっていることなわけですから。

もっといえば、警視庁の公安部や各道府県警の警備部にどれほどの人員が配され、どんな部署に分かれていて、個別の班が何をやっているのか、そういったこともテロやスパイ防止にかかわる情報ということにされかねない。つまり、公安警察にかんする内部情報の相当部分が特定秘密とされてもおかしくない。しかも、秘密保護法の最大の問題の一つが「何が秘密かも秘密」とされてしまう点です。

すると、僕にいろいろ教えてくれた当局者たちは萎縮するでしょう。場合によっては懲役10年の刑を受けかねない。以前より取材が圧倒的に困難となる。その面で、ああいう形で本を書けるかというと、書けなくなるかもしれないと怖れます。

もう一つは、こちら側の萎縮です。『日本の公安警察』は版元が講談社で、編集者は腹の据わった人だったけれど、これからは企画段階から萎縮が生じてもおかしくない。同じような原稿を僕が書いたとして、編集者は「もしかすると特定秘密が含まれているのではないか」と考えるでしょう。きちんとした編集者なら、それでも出版作業を進めてくれるでしょうが、場合によっては家宅捜索されることも想定し、対応を準備する必要がある。刑事罰だって想定される。肝の据わっていない編集者なら、「青木さん、この部分は秘密保護法に触れるかもしれないから削ってください」なんて言ってくることもあるでしょう。

つまり、情報源の観点から見ても、取材や執筆、出版の観点から見ても、あの本は同じように書けなくなる。一人の表現者として、物書きとして、かつて書けたものが書けなくなるというのは、まったく耐え難い屈辱です。

■公安警察のための法律という側面

――秘密保護法によって警察の警備公安部門が肥大化すると懸念されていますが。

青木　肥大化するのは間違いないでしょう。さきほど申し上げたとおり、秘密保護法は内調の主導で作られました。内調のトップは歴代、警備公安部門出身の警察官僚の指定席となっています。内調の職員は多くが各省庁からの出向者だけれど、警察出身者が最も多い。つまり内調は「官邸に突き刺さった警備公安警察の出島」といっていい組織です。その内調が特定秘密保護法を主導した。

日本の警察組織の内部における警備公安部門は、冷戦体制下、「反共の防波堤」の任を担い、一貫して肥大化を続けてきました。僕が公安担当だった90年代の半ば、警視庁刑事部捜査一課の人員が３００人だったのに対し、公安部公安一課は３５０人ぐらいいたんですよ。公安一課は新左翼セクトを担当している部署ですが、それが捜査一課よりも多い人員を擁していたんです。

ところが公安警察組織は、90年代の半ばを境に縮小を余儀なくされます。まずは冷戦体制が終焉を迎えました。また、オウム真理教事件をめぐり、事前にオウムの危険性を探知できなかったうえ、公安部が担うことになった事件は未解決ばかりだった。中でも1995年の国松孝次警察庁長官銃撃事件は、未解決どころか、末端の公安警察官が「撃ったのは自分だ」と〝自供〟し、これを握りつぶそうとしていたことまで発覚し、公安部長が更迭されるという大不祥事を引き起こしました。このため公安警察部門に対する批判が警察内部でも強まり、冷戦体制の終焉と相俟って人員は徐々に減らされていったわけです。

その後、2001年に米国で9・11事件が発生し、状況に少し変化が生じます。当時のブッシュ政権が「テロとの戦い」を唱えてアフガンやイラクへの侵攻戦に乗り出し、米国に付き従う各国もこれに同調した。日本では警備公安警察まで便乗し、警視庁に翌2002年、「国際テロ対策」を任務とする外事3課を新設したんです。公安警察に新しいセクションができるのは久しぶりのことで、公安警察にとっては僥倖だったでしょう。

ところが、この外事3課は、テロなどとまったく無関係な在日イスラム教徒を追いかけ回し、内部文書をネット上に大量流出させてしまうという大失態を犯します。しかも、ここでも流出犯を捕まえることすらできなかった。「公安警察は何をしているのだ」という風潮は、この10～15年ぐらいの警察内の傾向だったわけです。警察トップである警察庁長官と警視総監は、かつては警備公安警察の出身者が多数を占めていましたが、最近はそうでもなくなっている。警察内の構造力学が公安中心から他へ分散しはじめていた。

そうした状況下で秘密保護法が成立し、公安にとっては起死回生の武器、権益拡大の手段になるのは間違いない。また、公安警察が従前から欲しくて欲しくてたまらなかったスパイ防止法を手に入れたも同然なわけです。しかも「テロ防止」などという曖昧な理屈づけを許せば、公安警察関連のあらゆる情報を秘密にすることが可能になる。特定秘密を取り扱う者に対する適性評価だって、前科前歴から交友関係、借金の状況、酒癖まで調べるんですから、将来的にこれを公安警察が行なうことになるおそれがある。公安警察としては笑いが止まらないでしょう。

■新聞社内部の「萎縮」という問題

――秘密保護法を前に新聞やメディアはどう向き合うべきでしょうか。

青木　本当に正念場だと思います。まともなメディア人なら切実な危機感を持っているだろうし、実際の対応マニュアルを内部で作成している社もあるらしい。新聞や通信各社、テレビ各局が、場合によっては強制捜査の対象になりかねないんですから当然でしょう。しかし、内部で相当な萎縮現象が起きるのは間違いない。それをどう乗り越えていくか。

通信社記者だったころに書いた『日本の公安警察』は外部での出版でしたが、それ以外にも僕は公安警察や公安調査庁の内部文書を入手し、原稿を社内で何本も書きました。たとえば公安調査庁は、オウム真理教事件の当時、教団に破防法の団体規制を適用しようと狙い、「どういう事例が破防法違反になるか」という極秘ガイドラインを作成していました。手に入れた文書には、「内心の信仰の自由は取り締まり困難だが、オウムのTシャツを来て破防法反対の集会に出たら処罰対象」などと書かれていた。心底バカげた話だし、言論表現や集会結社の自由を根本的に侵しかねない。だから原稿では徹底批判しました。

こうした文書が今後、どの程度まで特定秘密に指定されるかは分かりません。ただ、たとえば公安当局や防衛省、外務省などを取材する記者が、機微な極秘情報や内部文書を手に入れたらどうなるか。デスク段階から「これは特定秘密ではないか」というプレッシャーがのしかかるのは間違いない。まともなデスクなら出稿しようとするでしょうが、部長や局長、時には全社的な判断が必要とされてくる。もし特定秘密だった場合、社にガサ（捜索）が入るかもしれない。記者が刑事罰に問われるかもしれない。

また、取材源や取材過程なども厳しく問いつめられることになる。特定秘密保護法の「雑則」には「報道又は取材の自由に十分に配慮しなければならない」と記され、「取材行為」については「著しく不当な方法によるものと認められない限りは、これを正当な業務による行為とする」と書かれている。しかし、「不当な取材」かどうかを誰が判断するのか。かつての西山事件のようなケースは「不当な取材」にあたると政府側は答弁していますから、「ネタ元はだれか」「どういう取材をしたのか」「取材過程に瑕疵はないか」など、これまではおよそ問題にされなかったようなことまで問題化しかねない。社内でも、デスクや部長、局長が記者を問いつめるでしょう。情報源の秘匿も困難になりかねない。

見逃しにできないのは、「不当な取材」か否かの判断を当局側に握られてしまう点です。これを突き詰めていけば、夜回り取材だって不適切、取材先と酒を呑みながら聞き出すのも不適切、公式発表以外は書けなくなりかねない。

どう考えても秘密保護法は、とてつもない極悪法です。萎縮するな、というほうが無理でしょう。情報源の側は間違いなく萎縮する。それではメディアの側はどうか。萎縮して膝を屈するのか。それとも、一ミリでも抗えるのか。まさに真価が問われてくる。

誰もが気づいているでしょうが、世のメディア不信は想像を絶するものがあります。「日本のマスコミは本当に権力と闘っているのか。いや、そもそも闘う気があるのか」と多くの人が訝っている。実際、いまだに記者クラブ制度を温存し、そこに安住しつつ当局とねんごろになっている。僕だって、そう遠くない過去、通信社の記者としていくつかの記者クラブに所属したのだから他人事ではない。

しかし、それでもメディア人は肝に銘じなくてはならない。今後、秘密保護法がどう運用されるのか、それを監視できるのはメディアしかない。正直に言ってしまえば、僕は組織としてのメディアになんてほとんど期待していないけれど、現場をはい回っている個々の優れた記者たちへの期待は捨てたくない。彼ら、彼女たちが、どこまで悪法に抗い、その内実を抉り出せるのか。メディア業界の片隅で禄を食んでいる僕にも突きつけられる課題だと思っています。

Ⅲ部　市民の日常生活にもこんな影響が……

――秘密保護法施行後の世界

日比野敏陽（新聞労連前委員長）

現役の記者たちは秘密保護法に重大な懸念を抱いている。当局と対峙し鋭い追及を続けてきた記者ほどその思いは強い。一方で、「秘密保護法はジャーナリストと公務員だけの問題」と捉えている人がいまだ少なくない。もちろんそんなことはない。秘密保護法はあらゆる人を知らないうちにがんじがらめにしていくだろう。

政府や官僚機関に対する監視や情報公開を求める市民運動などが法のターゲットになることは間違いない。それだけではなく、職場や市民の生活にも影響が及ぶ可能性がある。具体的なケースを想定してみよう。

■原発情報発信はテロ？

福島県在住のBさんは東京電力福島第一原発事故以来、原発に疑問を持ち、情報発信を続けている。最近は使用済み核燃料や汚染水の状況について漏れ伝わってくる情報や、原発周辺の様子、原発労働者の過酷な状況などについて、見聞きした情報をまとめてブログに書き込んだ。1ヵ月後、Bさんは特定秘密の漏えい容疑で取り調べを受けた。

Bさんは原発に潜入して取材したわけでもなく、犯罪構成要件である「特定秘密の管理を害する」行為は認められなかったため逮捕は免れた。しかし、自宅が家宅捜索され、パソコンや携帯電話、デジタルカメラや収集した資料などを押収されたため、情報発信できない状態に陥った。

秘密保護法で「テロ防止に関する情報」は秘密指定対象になっている。しかし、具体的な線引きは明確ではない。あらゆる情報が「テロ防止に関連する」として秘密指定される可能性がある。市民オンブズマン活動を続けている弁護士は「原発関連情報はテロ防止の名目でほとんど闇の中に閉じ込められるのではないか」と懸念。「原発だけでなく、老朽化した橋や道路の情報もテロ対策情報として扱われていく可能性がある」と指摘する。

■環境保護も秘密に？

Fさんは国の研究機関でバイオテクノロジーを使ったごみ処理技術を研究している。NGOなど環境保護団体と共同で実証試験を繰り返してきたが、あるとき突然、共同研究は中止になった。「バイオテクノロジーのごみ処理技術は生物化学兵器に使われる危険性がある」として特定秘密に指定されたという噂を聞いた。上司はFさんに「ここだけの話」と前置きして語った。「あのNGOには『危ない人』がいるらしい」。聞けば、海外では実力行使も辞さない自然保護団体で活動していたスタッフがいるのだという。上司は「NGOにはいろいろな政治的立場の人がいるからなあ。『特定秘密』を漏らされる可能性もあると判断されたのだろう」と説明した。

公的セクターと市民セクターの協働は成熟した市民社会には欠かせない。しかし、秘密保護法はこの協同にくさびを打ち込みかねない。すでに海外の紛争地で活動する国際NGOからは強い不安の声があがっている。NGOは当事国の情勢について外務省からの情報提供を受けながら活動していることも多く、紛争地の情報が秘密指定され閉ざされてしまえば、安全に活動することができなくなるためだ。情報を受けるとなればメンバーが特定秘密の取扱者として適性評価を受けることになる。「ＮＧＯは本来、開かれた組織で海外のＮＧＯとも情報交換をしている。秘密取扱者にさせられて従来と同じ活動ができるのか」といった疑問があがっている。

■適性評価が家族を分断する⁈

設計士のＨさんは大手建設会社に勤務し順調に経験を積み上げてきた。次の仕事は原発近くの橋の架け替え工事。国発注の大規模な事業だけに張り切っていたところ、上司から告げられた。「原発に近いから担当者は適性評価を受けてほしい」。

１カ月後、Ｈさんは突然、別の民間事業に配置換えになった。降格でも左遷でもないが、理由は何度聞いても説明されなかった。不本意な気持ちで勤務を続けていると、ある日、社内の噂を耳にした。「Ｈさんの奥さんが反原発だから、適性評価を通らなかったんだって」。

たしかに、Ｈさんの妻は原発再稼働に反対する市民運動に参加している。「子どもたちの世代に核のごみをこれ以上残していいのか」と集会に熱心に通っている。Ｈさんも妻の思いを理解しているつもりだった。

Ｈさんは思い切って上司に聞いてみた。「私の妻のことで適性評価が不合格になったのですか」。だが上司は「話せない」の一点張り。だからといって妻に「集会に行くな」とも言えない。「もうこの会社では昇進もないだろう。給料も上がらない」と一人思い悩む日々。酒量が増え、夫婦げんかが絶えない。Hさんは離婚も考え始めている。

適性評価は、「特定秘密」を知りうる立場の人たちが漏らしたりしないように身辺を調査する仕組み。その対象は公務員だけではない。省庁と契約した企業の社員、さらにはその下請け、孫請けも、秘密を知りうる立場と判断されれば、あらゆる人が身辺調査を受けることになる。適性評価は対象者に通知され、同意が必要という。本人だけでなく、家族や親族の動向、政治的関わりなども調べられる。評価を受けたくない人は拒否もできる。しかし、評価に同意しなければ秘密の取扱者になれないため、組織の中で重要な役職には就けなくなる。昇進や昇給にも影響することになる。

■情報公開を求めただけなのに……

Iさんの地元に突然、米軍の施設ができることになった。巨大なレーダーらしい。「そんなものができれば、ここは有事の際には標的になりかねない」と危機感を抱いたIさんは地元自治体と、防衛省などに工事日程や搬入ルートの情報公開を請求。しかしすべて非公開とされてしまった。怒ったHさんは地元自治体の担当部長を直接訪ね、こう迫った。「どうして公開できないんだ？　あなたのパソコンには情報が入っているだろう。ただちに公開しなさい！」。

1カ月後、Iさんは警察に呼ばれた。「あなたの行為は秘密保護法違反、教唆、扇動になります」。

秘密保護法の中でも人権侵害につながる可能性が高いと懸念されているのが「共謀」「教唆」「扇動」。特定秘密を知っている人に「教えなさい」と迫っただけで、結果的に秘密が漏れなくても罪が成立する。仮に特定秘密の内容が明らかになっていれば「そもそも違法な秘密指定だ」と争うことができるが、教唆、扇動の場合は秘密の内容が不明なままで、その場合は裁判所が開示命令を出さない限り秘密指定の不当性を理由に無罪を主張することはきわめて難しくなる。共謀、教唆、扇動をそれだけで処罰できる秘密保護法の仕組みは、市民運動家だけでなく、「知ろう」とするあらゆる市民を犯罪者に仕立て上げる弾圧の道具になる危険性をはらんでいる。

■「ヒミツという言葉ですべてが許される体制」との闘い

秘密保護法による情報統制の具体例はこのほかにも、ありとあらゆることが想定される。絵空事ではない。なぜなら、秘密の対象が極めてあいまいだからだ。特定秘密に指定される対象は法律の別表で示されているが、「その他」があちこちについている。結局は「防衛」「外交」「テロ活動防止」「スパイ防止」の4分野にひっかければあらゆる情報を秘密に指定できる。

政府は法施行に向け秘密指定と解除についての運用基準や施行細則をつくったが、法案段階から指摘されてきた致命的な欠陥は何も修正されていない。すなわち、秘密指定についての政府の説明責任は明確でなく、政府が見せたくない文書は秘密指定にし、さらにそれを廃棄したと言い張れば永遠に隠し通せるという秘密体制だ。

場合によっては普段から目にしているもの、仕事で触れていることがらが特定秘密に指定される可能性もある。航空機関連や原発などはその代表例だろう。職場の出来事や仕事の中身をうっかり外で話すこともできなくなる。

「特定秘密が提供されない場合は極めて限られる」。安倍晋三首相は２０１４年秋の臨時国会で、集団的自衛権を行使するとなった場合、その根拠が特定秘密に指定されることがあるのかという野党の質問にたいしてこう答えた。「極めて限られる」ということは「ある」ということだ。秘密保護法によって、自衛隊の海外派遣の理由すら隠されかねない事態になりつつある。

さらに、こうした状況に対し市民が「もっと知りたい」と調査すれば特定秘密の漏えい教唆になる可能性が「ありうる」と上川陽子法相は述べている。

「ヒミツという言葉ですべてが許される体制」（山田健太・専修大学教授）がいよいよ私たちの前に立ち現れようとしている。

日本新聞労働組合連合（新聞労連）

1950年6月30日結成。全国紙、ブロック紙、地方紙、地域紙、専門・業界紙などさまざまな新聞社の労働組合が加盟している。加盟組合は86組合、加盟人員は約2万2000人（2015年1月現在）。
活動は、基本的に加盟組合員の要求に基づき、雇用の確保、労働条件の向上、労働者の権利擁護、争議解決、福利厚生、ジャーナリズムの強化、平和・民主主義の維持・発展など多岐にわたっている。
憲法9条を守る取り組みでは、連合、全労連のいずれにも所属していない中立の産業別労働組合でつくる憲法改悪反対労組連絡会に加わり、憲法改悪反対の声をあげてきた。
http://www.shinbunroren.or.jp/index.htm
〒113-0033　東京都文京区本郷2-17-17（井門本郷ビル6階）
TEL：03-5842-2201　FAX：03-5842-2250

戦争は秘密から始まる
秘密保護法でこんな記事は読めなくなる

2015年2月25日　第1刷発行
2015年4月30日　第2刷発行

編　者　日本新聞労働組合連合
発行者　上野　良治
発行所　合同出版株式会社
東京都千代田区神田神保町1-44
郵便番号　101-0051
電話　03（3294）3506　Fax　03（3294）3509
振替　00180-9-65422
ホームページ　http://www.godo-shuppan.co.jp/
印刷・製本　株式会社シナノ

■ 刊行図書リストを無料進呈いたします。
■ 落丁乱丁の際はお取り換えいたします。

ISBN 978-4-7726-1195-4　NDC360　148 × 210